365
dias com o
Coração de Jesus

Pe. Eliomar
Ribeiro, SJ

365
dias com o
Coração de Jesus

Orações diárias
a partir de
pensamentos que
conduzem ao
Sagrado Coração

Edições Loyola

Capa: Ronaldo Hideo Inoue
   Ícone do Discípulo Amado.
   © Secrétariat des Oeuvres du Sacré-Coeur,
   Paray-le-Monial.
Diagramação: Adriana Vegas
Revisão: Maria Suzete Casellato

Edições Loyola Jesuítas
Rua 1822 nº 341 – Ipiranga
04216-000 São Paulo, SP
T 55 11 3385 8500/8501, 2063 4275
editorial@loyola.com.br
vendas@loyola.com.br
www.loyola.com.br

Todos os direitos reservados. Nenhuma parte desta obra pode ser reproduzida ou transmitida por qualquer forma e/ou quaisquer meios (eletrônico ou mecânico, incluindo fotocópia e gravação) ou arquivada em qualquer sistema ou banco de dados sem permissão escrita da Editora.

ISBN 978-85-15-04535-8

2ª edição revista: 2021

© EDIÇÕES LOYOLA, São Paulo, Brasil, 2018

109912

Introdução

Alguém definiu a oração como o "suspiro da alma". É um tempo diário de parada, de silêncio, de conexão, de agradecimento, de intercessão. Deus está sempre disponível para encontrar-nos.

A escritora inglesa Mary Cholmondeley afirma que "a cada dia que vivo, mais me convenço de que o desperdício da vida está no amor que não damos, nas forças que não usamos, na prudência egoísta que nada arrisca, e que, esquivando-nos do sofrimento, perdemos também a felicidade".

A oração transforma nosso viver em ação amorosa: cuidar, zelar, proteger, defender, ajudar, tomar partido, estar ao lado, chorar junto, consolar, escutar etc.

Este livro quer ajudar você a manter seu coração unido ao Coração de Jesus. Santo Inácio gostava de recordar que "não é o muito saber que satisfaz a alma, mas o saborear internamente todas as coisas". Um pensamento e uma pequena oração para sua oração diária. Você poderá alargar a tenda de seu coração e gastar mais tempo em oração.

Bendito seja Deus por tantas pessoas que deixaram para a história pensamentos que edificam o nosso viver e nos ajudam a transformar em prece ao Deus da Vida toda a nossa existência.

Janeiro

Janeiro

1

"A paz de Deus, que está além de toda compreensão, guardará o seu coração"
(*Filipenses 4,7*)

Senhor, ajudai-me a ser presença e instrumento de vossa paz onde estou, vivendo em harmonia com as pessoas ao meu redor.

2

"Que eu obtenha de tua amada bondade a graça de ter meu nome escrito em teu coração, para depositar em ti toda a minha felicidade e glória, viver e morrer em tua bondade"
(*Santa Margarida Maria Alacoque*)

Ó Coração amado de Jesus, fazei que eu conserve a graça de vos amar e servir sempre mais, confiando mais em vossa infinita misericórdia.

3

"A Sagrada Família é ícone da Igreja doméstica
e um convite a rezar juntos"
(Papa Bento XVI)

*Senhor, rezo por minha família e por
todas as famílias do mundo: que sejamos
uma igreja doméstica pela oração
e pelo amor fraterno.*

4

"Levar Cristo ao coração do mundo.
Trazer o mundo ao Coração de Cristo"
(Padre Dehon)

*Ó Coração de Cristo, rezo por toda
a humanidade e seus desafios: que possamos
estar no mundo sem deixar-nos seduzir
pelas lógicas mundanas.*

Janeiro

5

"Darei aos meus devotos as graças necessárias
para cumprirem os deveres de sua vida
de acordo com seu estado"
(*primeira promessa*)

*Senhor, confio em vossa promessa! Ajudai-me
a viver bem minha vocação e cumprir
os deveres que assumi desde o meu Batismo.*

6

"O Coração de Jesus é trespassado pela lança.
Aberto, torna-se uma fonte; a água
e o sangue que saem remetem aos dois
Sacramentos fundamentais de que vive
a Igreja: o Batismo e a Eucaristia"
(*Papa Bento XVI*)

*Ajudai-me, Senhor, a manter firme
o meu coração em meio às dificuldades
que encontro ao meu redor: violência,
abandono, desespero, guerras etc.*

7

Janeiro

"O Coração do Homem-Deus não julga
os corações humanos. O Coração chama.
O Coração convida. Com esse fim foi aberto
com a lança do soldado"
(São João Paulo II)

*Fazei, ó Bom Pastor, que eu cuide
das pessoas confiadas a mim e que julgue
menos suas atitudes. Que eu saiba ver além
das aparências e amar as pessoas
por sua bondade original.*

8

"Que o Coração de Jesus seja o centro
de todas as tuas atenções"
(São Pio de Pietrelcina)

*Amado Coração de Jesus, dai-me
a graça e a compreensão de que sois
o centro da minha vida, que eu não ande
distraído e perdido.*

Janeiro

9

"Ó Coração de Jesus, paciente e de muita
misericórdia, tende piedade de nós"
(*Ladainha do Coração de Jesus*)

*Senhor, que a vossa compaixão chegue
até nós como a água da chuva que
encharca a terra.*

10

"Não precisamos falar muito para orar bem.
Sabemos que Deus está no sacrário; abramos
os nossos corações a Ele. Alegremo-nos
na sua presença: essa é a melhor oração"
(*São João Maria Vianney*)

*Meu Bom Deus, alegro-me com sua
presença entre nós. Vós mesmo sabeis das
minhas necessidades. Agradeço por tudo e
ofereço-vos o que sou e o que possuo.*

11

"Levanta-te, ó alma amiga de Cristo.
Não cesses a tua vigília, cola teus lábios
neste Coração para daí haurires as águas das
fontes do Salvador"
(São Boaventura)

Coração de Jesus, sois a fonte de água viva: fazei que vos amemos sempre mais e sejamos saciados por vossa bondade e amor.

12

"Farão lamentações sobre aquele que
transpassaram, como se fosse um filho único;
chorá-lo-ão amargamente como se chora
um primogênito!"
(Zacarias 12,10)

Ó Coração de Jesus, transpassado pela lança, acolhe as minhas dores e os meus lamentos neste mundo e dai-me força e perseverança.

13

"A oração é um impulso do coração,
é um simples olhar lançado ao céu"
(*Santa Teresinha do Menino Jesus*)

Acolhei, Senhor, a minha simples e singela oração neste dia: meu coração que vos deseja e meu olhar que vos procura.

14

"Quem ama as coisas temporais
perde o fruto do Amor"
(*Santa Clara de Assis*)

Senhor, afastai de mim todo apego às coisas deste mundo. Quero e desejo amar-vos como o mais importante em minha vida.

15

"Que não circule em vão nas tuas veias
o sangue de Jesus, tantas vezes recebido
na Eucaristia"
(Beata Elena Guerra)

Ó Cristo, Vós nos alimentais sempre na Eucaristia: fazei que vosso sangue derramado na cruz circule em minhas veias para ser no mundo o vosso bom perfume.

16

"Ei-lo que vem com as nuvens. Todos os olhos
o verão, mesmo aqueles que o transpassaram"
(Apocalipse 1,7)

Ó Cristo glorioso, que possamos reconhecer-vos presente em nossas vidas e estar disponíveis para sermos vossas testemunhas perante os povos.

17

"Sede bons, amai o Senhor, rezai por aqueles que não O conhecem"
(*Santa Josefina Bakita*)

Ó Deus, rezo por todos aqueles que ainda não o conhecem. Ajudai-me a viver melhor a bondade e o amor, para ser instrumento da vossa ternura.

18

"Deixa-te modelar pelo Senhor. Põe sempre a tua confiança em Deus, e serás envolvido por sua misericórdia"
(*Santa Madalena de Canossa*)

Senhor, confio em vós e experimento vossa misericórdia diariamente. Peço-vos que continueis a modelar minha vida para ser a obra de arte que Vós mesmo desejais.

19

"Quanto mais pequena me faço, mais cresço
no Coração de Jesus"
(*Santa Bernadete*)

*Ó bom Jesus, quero assumir a humildade
como regra de vida, não buscando nunca
ser melhor ou maior que ninguém.
A humildade nos torna grandes no Reino.*

20

"Eu vos saúdo, ó Sagrado Coração de Jesus,
Fonte viva e vivificante de Vida Eterna,
Tesouro infinito da Divindade,
Fornalha Ardente do Amor de Deus"
(*Santa Gertrudes*)

*Ó Coração Sagrado e infinito de Jesus,
nós vos bendizemos e amamos sempre mais.
Fazei que jamais nos afastemos de Vós por
causa de nossas fraquezas e desconfianças.*

Janeiro

Janeiro

21

"O amor exige expressões concretas que
tornem visíveis as suas raízes invisíveis"
(*Dom André Vital*)

Ó Deus de amor, quero agradecer
porque nos destes Jesus, que nos revelou
o vosso imenso amor. Ajudai-me a revelar
o vosso amor neste mundo com ações
e expressões concretas.

22

"O mistério do coração abre-se através
das feridas do corpo; abre-se o grande mistério
da piedade, abrem-se as entranhas
de misericórdia do nosso Deus"
(*São Bernardo*)

Senhor Jesus, fonte de amor
e misericórdia, que sejamos misericordiosos
e ajudemos a aliviar as dores e curar
as feridas de tantas pessoas que sofrem.

23

"A nossa alegria é o melhor modo
de pregar o cristianismo"
(*Santa Teresa de Calcutá*)

Amado Jesus, ajudai-me a ser instrumento do vosso amor neste mundo, com alegria e bom humor.

24

"Onde não existe amor, coloca amor,
e amor encontrarás"
(*São João da Cruz*)

Senhor, confio em vossa bondade e sei que me amais com infinito amor. Fazei que eu coloque sempre mais uma pitada de amor no relacionamento com os demais.

25

"O Sagrado Coração de Jesus, transpassado
pelos nossos pecados e para nossa salvação,
é considerado sinal e símbolo por excelência...
daquele amor com que o divino Redentor ama
sem cessar o eterno Pai e todos os homens"
(*Catecismo da Igreja Católica, 478*)

Ó Coração Sagrado de Jesus, que amastes imensamente ao Pai e à humanidade, ajudai-me a seguir os vossos passos e a fazer crescer sempre mais o amor entre nós.

26

"Somos convidados a oferecer ao Pai,
juntamente com Jesus, tudo o que somos
e temos, com simplicidade e radicalidade"
(*Caminho do Coração*)

Acolhei, Pai de bondade, pelas mãos de Jesus, o que somos e o que temos, nossos sonhos e nossa vontade de vos amar e servir melhor.

27

"No Sagrado Coração está o símbolo
e a imagem expressa do amor infinito de Jesus
Cristo, que nos leva a retribuir-lhe esse amor"
(Papa Leão XIII)

Ó Sagrado Coração de Jesus, fazei que eu saiba amar mais e servir melhor a quem de mim se aproximar. Desejo sempre mais retribuir o infinito amor que recebo de Vós todos os dias.

28

"Confia no Senhor com todo o teu coração"
(Provérbios 3,5)

Senhor, ajudai-me a ter maior confiança em vossos projetos, e que meu coração não vacile diante das dificuldades da vida.

Janeiro

29

"A devoção ao Sagrado Coração de Jesus derrama todas as bênçãos dos Céus sobre as almas dos fiéis, purificando-os, trazendo-lhes uma grata consolação celeste e exortando-os a alcançar todas as virtudes"
(Papa Pio XII)

Ajudai-me, ó Deus, a buscar sempre a vossa graça, que me dá consolação em tempos difíceis e me reveste das virtudes eternas para viver como vosso filho amado.

30

"Ser livre de paixões e ter um coração humilde, um coração manso. O coração é protegido pela humildade, pela mansidão, nunca pelas lutas e guerras"
(Papa Francisco)

Concedei-me, Senhor, um coração manso e humilde, que esteja pronto para o serviço do Reino e disponível para fazer a vossa vontade.

31

"Nossa vida é um presente de Deus,
e o que fazemos dela é o nosso presente a Ele"
(São João Bosco)

Ó Deus de amor, agradeço pelo grande dom da minha vida; dai-me força para viver minha vida como um grande presente para Vós.

Janeiro

Fevereiro

1

"Minha glória deve consistir, como Ele me
ensinou, em ver-me como joguete
do beneplácito do seu Coração adorável,
que é todo o meu tesouro"
(*Santa Margarida Maria Alacoque*)

*Meu Deus, ajudai-me a confiar mais
na presença amorosa de Cristo, que é meu
maior tesouro, e a fazer do seu Coração
meu abrigo seguro.*

2

"Farei reinar a paz em suas famílias"
(*segunda promessa*)

*Eterno Deus, de Vós procede toda graça
e todo dom. Peço especialmente para que
a paz possa reinar em todas as famílias
e que eu seja um construtor de paz.*

Fevereiro

3

"Do lado transpassado do Senhor,
do seu Coração aberto, brota a fonte viva
que corre através dos séculos e faz a Igreja"
(Papa Bento XVI)

Ó Coração de Jesus, fonte viva de tanta bondade, confio a Vós a vida da Igreja: rezo pelo Papa, pelos bispos, pelos padres, pelos consagrados e pelos leigos que dão testemunho do Batismo.

4

"Há muros que só a paciência derruba.
E há pontes que só o carinho constrói"
(Cora Coralina)

Senhor Jesus, ajudai-me, em meio às dificuldades que a vida me apresenta, a manter-me paciente e a construir pontes que façam crescer o amor.

5

"O ideal da minha vida é conquistar o mundo
para Jesus Cristo instaurar
o Reino do Sagrado Coração"
(*Padre Dehon*)

Ó Cristo, nosso Salvador, coloco minha vida em vossas mãos para ajudar-vos a conquistar a humanidade para viver na dinâmica do vosso Sagrado Coração.

6

"Que o Sagrado Coração de Jesus transforme
sempre mais o teu coração até torná-lo
perfeito e digno dele"
(*São Pio de Pietrelcina*)

Ó Coração de Jesus, peço-vos a graça de ajudar-me a deixar que meu coração seja transformado por vossa bondade e mansidão.

Fevereiro

7

"A fé não está no corpo que se inclina,
mas na alma que crê"
(*Santo Agostinho*)

Ó Deus bondoso, ajudai-me a crescer na dinâmica da fé para que minha vida resplandeça o grande amor que recebo de Vós todos os dias.

8

"Amar é querer bem a qualquer um"
(*Santo Tomás de Aquino*)

Fazei, Senhor, que eu não discrimine nem deixe ninguém à margem do meu amor. Quero amar e servir a todos, sem nenhuma distinção.

9

"Tenha paciência com todas as coisas,
mas principalmente tenha paciência consigo
mesmo. A cada dia que se inicia,
comece a tarefa de novo"
(*São Francisco de Sales*)

Ó Deus, concedei-me a capacidade de sempre recomeçar. Que eu não me perca no emaranhado da vida sem perceber a beleza da novidade de cada dia.

10

"A devoção ao Sagrado Coração de Jesus
é uma forma por excelência de religiosidade.
Essa devoção, que recomendamos,
será para todos proveitosa"
(*Papa Leão XIII*)

Rezo hoje, ó Cristo, por meu coração. Fazei-o imenso e bondoso como o vosso Coração, para que eu possa ajudar muitas pessoas a se aproximarem mais de Vós.

Fevereiro

11

"Deus, o Pai de Jesus e nosso Pai, quer fazer presente a sua compaixão no mundo em nós e através de nós, seus discípulos. Somos convidados a fazer nosso o seu olhar sobre a humanidade e agir com os sentimentos do Coração de Jesus"
(*Caminho do Coração*)

Ó Deus de bondade imensa, ajudai-me a ser mais confiante e a olhar as pessoas com mais compaixão. Que meu olhar seja de misericórdia com quem é diferente, com quem sofre, com quem erra.

12

"Amar os outros é a única salvação individual que conheço. Ninguém estará perdido se der amor e às vezes receber amor em troca"
(*Clarice Lispector*)

Ó Deus, fonte de todo amor, fortalecei meu coração para amar sempre mais as pessoas, sem desejar nada em troca, pois sei que amando incondicionalmente recebo em troca muito amor.

13

"Coragem, os barcos de Deus navegam
sempre entre as tempestades"
(*Beata Elena Guerra*)

*Senhor Jesus, sois a força dos que vacilam:
sustentai minha coragem com vossa graça
para que eu não vacile em meio
às tempestades do mundo.*

14

"As melhores e as mais lindas coisas do mundo
não se podem ver nem tocar.
Elas devem ser sentidas com o coração"
(*Charles Chaplin*)

*Senhor, guardai minha vida na palma
de vossas mãos e alargai meu coração para
perceber e sentir todas as maravilhas
que fazeis no meio de nós.*

Fevereiro

15

"Os planos de Deus nunca se realizam senão à custa de grandes sacrifícios"
(*São Cláudio la Colombière*)

Ó Deus, dai-me a graça de discernir a vossa vontade em minha vida e manter-me firme nos momentos de dor, sofrimento, dúvidas e desânimos.

16

"Aquele que luta tem o que esperar. Onde há luta, há coroa"
(*Santo Ambrósio*)

Ó Cristo glorioso, pelo sangue que derramastes na cruz, fazei que eu não desista nunca de seguir adiante quando o cansaço me abater.

17

"Depois que descobri que existe Deus, entendi que não podia mais fazer outra coisa a não ser viver para Ele"
(*Charles de Foucauld*)

Ó Deus de misericórdia, quero viver sempre mais para vos amar e servir. Já não posso abandonar o caminho, e conto com vossa força e proteção.

18

"Se quiserem que suas vidas sejam alegres e tranquilas, procurem viver na graça de Deus"
(*São João Bosco*)

Amado Senhor, ajudai-me a viver sempre nutrido por vossa graça para dar testemunho alegre e feliz do quanto sois bom para comigo.

Fevereiro

19

"Quando a dor de não estar vivendo é maior que o medo da mudança, a pessoa muda"
(Sigmund Freud)

Ó Espírito Santo, dai-me entendimento e fortaleza para viver minha vida em plenitude, sendo capaz de mudar o que for necessário para ser melhor.

20

"A contemplação do Coração de Cristo revela-nos tanto o amor divino que Jesus nos tem, quanto o amor divino do qual nós somos instrumento para servir aos nossos irmãos"
(Pe. Peter-Hans Kolvenbach)

Ó Cristo, Vós nos amastes tanto! Ajudai-me a retribuir esse amor, amando e servindo a quem de mim se aproximar; revelando assim a grandeza do amor que me amou primeiro.

21

"As pessoas são pesadas demais para ser
levadas nos ombros. Levo-as no coração"
(*Dom Hélder Câmara*)

Ó Deus de bondade, quero ter um coração
imenso para deixar entrar tantas pessoas
queridas que a vida me presenteou.
Ajudai-me a não deixar ninguém
do lado de fora.

22

"Um coração alegre deixa o rosto amável"
(*Provérbios 15,13*)

Ó Deus de ternura e mansidão, fazei
que meu coração seja sempre mais alegre,
para revelar em meu rosto a alegria de vos
amar e servir.

23

"A humildade brota do autoconhecimento"
(*Santa Catarina de Sena*)

*Ó Cristo, ajudai-me a ter um coração
sempre mais contrito e humilde,
para revelar-vos aos que me buscam.*

24

"Coração de Jesus, no qual estão todos os
tesouros de sabedoria e ciência,
tende piedade de nós"
(*Ladainha do Coração de Jesus*)

*Ó Jesus, abri as portas do vosso Coração
e deixai jorrar a sabedoria e a ciência
de que todos nós precisamos para viver em
paz e acolher a vossa salvação.*

25

"Estar abertos ao Espírito Santo, que trabalha
para unir a nossa vida e o nosso coração à vida
e ao Coração de Jesus"
(*Caminho do Coração*)

*Ó Santo Espírito, tornai-me atento
e aberto para que minha vida e meu
coração estejam sempre mais unidos
ao Coração de Jesus.*

26

"Nossa maior tragédia é não saber
o que fazer com a vida"
(*José Saramago*)

*Ó Deus da vida, peço-vos inteligência
para reconhecer o sentido da minha vida
neste mundo, colocando-a a serviço
dos desafios da humanidade.*

27

"Comungar é participar da festa do amor de Jesus"
(*Santa Gemma Galgani*)

Ó Cristo, agradeço porque continuais presente em nosso meio de tantos modos: ao receber vosso Corpo em comunhão, desejo ainda mais revelar o imenso amor com que amais toda a humanidade.

28

"Para isso foi ferido o teu coração, para abrires uma porta e aí entrarmos e, libertos do pecado, com amor aí permanecermos. Quem não ama tão grande amante?"
(*São Boaventura*)

Ó sangue que jorrastes do lado aberto de Jesus, lavai em mim tudo aquilo que me impede de buscar o misericordioso Coração de Jesus.

29

*"Só conhece o valor da âncora
quem passa pela tempestade"*
(*Anônimo*)

Ó Deus, fazei que meu coração permaneça firme, sem desanimar, quando as tempestades lançarem o barco da minha vida de um lado para o outro.

Fevereiro

Março

1

"Com o coração se pede. Com o coração
se procura. Com o coração se bate e é com
o coração que a porta se abre"
(Santo Agostinho)

*Ó Jesus, manso e humilde, abri a porta
do vosso Coração para que eu possa entrar
e estar em paz convosco.*

2

"Eu os consolarei em suas necessidades
e aflições"
(terceira promessa)

*Senhor, diante de tantas aflições
que atingem a humanidade, ajudai-me
a não desanimar, e que eu possa temperar
o mundo com meu testemunho.*

Março

3

"Faz o que podes e reza pelo que não podes,
para que Deus permita que o possas"
(Santo Agostinho)

Escutai, Deus de bondade, a minha oração neste dia. Que eu faça tudo com mais paciência e confie somente em Vós.

4

"Seja você também uma ponte que liga
os que têm de sobra com aqueles que sentem
falta de tanta coisa"
(Santa Clara de Assis)

Fazei, Senhor, meu coração mais livre: que eu saiba viver com menos coisas e deseje somente a Vós, para servir melhor aos mais pobres.

Março

5

"O próprio Jesus é o novo templo,
e o seu Coração aberto, a fonte da qual jorra
um rio de vida nova, que se nos comunica
no Batismo e na Eucaristia"
(Papa Bento XVI)

Ó Cristo, dai-me força e perseverança para viver melhor meu Batismo e deixar que a Eucaristia me sustente na caminhada nem sempre fácil da vida.

6

"Ó Coração de Amor, ponho toda a minha
confiança em ti. Temo minhas fraquezas
e falhas, mas tenho esperança em tua
Divindade e Bondade"
(Santa Margarida Maria Alacoque)

Sagrado Coração de Jesus, ajudai-me a confiar mais em Vós. Aumentai minha fé e esperança, apesar das minhas fraquezas e falhas.

7

"Com Jesus, tornamo-nos mais próximos do sofrimento do mundo e procuramos responder como Ele o fez. Expressamos ao Pai essa disponibilidade, através de uma oração de oferecimento diária"
(Caminho do Coração)

Ó Deus, quero estar unido diariamente a Vós no oferecimento de minha vida, e que minha oração ajude a sustentar os que mais sofrem neste mundo.

8

"Quem reza nunca perde a esperança, mesmo quando se encontra em situações difíceis e até humanamente desesperadas"
(Papa Bento XVI)

Senhor, que minha oração diária ajude a manter acesa a chama da esperança quando as dificuldades da vida baterem à minha porta.

9

"A fé é o início da salvação, é o fundamento de cada virtude. Por isso, devemos cultivá-la muito"
(*São Tiago Alberione*)

Ajudai-me, ó Deus, a cultivar a fé, para que as outras virtudes possam também crescer e desabrochar em minha vida.

10

"O Coração de Jesus resume toda a minha vida: por Ele vivi, por Ele morro"
(*Padre Dehon*)

Ó Cristo, de imenso Coração, por Vós quero viver, a Vós quero consagrar a minha vida e fazer sempre a vossa vontade.

11

"A coragem é a primeira das qualidades
humanas, pois é a qualidade
que garante as demais"
(*Lar Lubovitch*)

*Senhor Jesus, dai-me coragem suficiente
para superar as dificuldades da vida
e confiar mais em Vós do que em mim.*

12

"Um coração inteligente procura o saber"
(*Provérbios 15,14*)

*Ó Deus, concedei-me o dom da sabedoria
para que eu saiba discernir que atitudes
devo tomar na vida e valorizar mais
toda forma de saber.*

13

"Ser cristão é trabalhar para que haja justiça
e solidariedade em todos os lugares"
(*Dom Paulo Evaristo Arns*)

*Sustentai, ó Deus, as minhas ações
e escolhas. Quero sempre estar a serviço
da justiça e da solidariedade
em todos os lugares.*

14

"Que eu nunca mendigue paz para a minha
dor, mas um coração forte para dominá-la"
(*Tagore*)

*Ó Deus da paz, dai-me um coração forte
e humilde para suportar minhas dores
e meus sofrimentos sem desanimar
no caminho.*

15

"A fé não torna as coisas fáceis,
ela as torna possíveis"
(*Provérbio Sufi*)

Querido Deus, aumentai a minha fé para que eu seja perseverante quando as realidades da vida não forem fáceis.

16

"Amar Jesus significa segui-lo e servi-lo,
assumindo sua maneira de ser
e seu estilo de vida"
(*Pe. Carlos Palácio*)

Amado Jesus, dai-me força e capacidade para assumir seu modo de ser e seu estilo de vida para mais amar e servir ao Reino.

17

"É com os braços da caridade
que abraçamos a Deus"
(*Santo Ambrósio*)

Ó Deus de amor, sustentai meus braços
para estar a serviço de quem mais sofre
e mais precisa, servindo a Cristo
com gratidão.

18

"Aprendei do Coração de Deus e das próprias
Palavras de Deus, para poderdes aspirar
ardentemente às coisas eternas"
(*São Gregório Magno*)

Deus eterno e bondoso, ajudai-me
a aprender do vosso Coração e da
vossa Palavra a desejar as coisas eternas,
que não passam.

19

"Às vezes, a mudança que você tanto deseja
está nas decisões que você não toma"
(*Anônimo*)

*Senhor Jesus, tocai meu coração com
a vossa bondade e ajudai-me a tomar
as decisões acertadas em minha vida.*

20

"É graça divina começar bem. Graça maior
é persistir no caminho certo. Mas a graça
das graças é não desistir nunca"
(*Dom Hélder Câmara*)

*Ó Cristo, caminho, verdade e vida,
derramai sobre mim vossa divina força
para que eu não desista nunca
de vos amar e servir.*

21

"Um santo não é alguém bom, mas alguém
que experimenta a bondade de Deus"
(*Thomas Merton*)

*Deus santo, favorecei-me com vossa graça
para que eu confie mais em Vós
e experimente a vossa infinita bondade.*

22

"A felicidade está onde o coração
encontra repouso"
(*Provérbio Navajo*)

*Ó Deus, sois a fonte de toda bondade
e mansidão, ajudai-me a encontrar
a felicidade nos pequenos gestos
e afazeres do dia a dia.*

23

"É impossível que um indivíduo,
contemplando o céu, possa dizer
que não existe um Criador"
(*Abraham Lincoln*)

Senhor da vida, sois Vós que sustentais cada ser, cada átomo, cada estrela do universo, dai-me um grande coração para valorizar vossa presença agindo em tudo.

24

"Quanto mais uma pessoa ama,
tanto mais perfeita é naquilo que ama"
(*São João da Cruz*)

Deus de amor e de bondade, favorecei-me com vosso amor para que eu possa amar as pessoas com mais cuidado e perfeição.

25

"A fé é a luz que acendemos
em nossa caminhada"
(*Anônimo*)

*Meu Deus e meu tudo, conservai em mim
a chama da fé que me permita acender
luzes no caminho por onde eu passar.*

26

"Entre o caminho da razão e o do coração,
escolha o caminho do meio,
o caminho do equilíbrio"
(*Eduardo Shinyashiki*)

*Ó Jesus, bondoso e amigo, ajudai-me
sempre a ter equilíbrio em minha vida,
não me deixando arrastar nem pela razão
nem pelo coração.*

27

"Sede alegres na esperança, pacientes
na tribulação e perseverantes na oração"
(*Romanos 12,12*)

*Ó Deus, concedei-me o dom da alegria,
da paciência e da perseverança para que
minha oração faça crescer
minha esperança.*

28

"Por mais inteligente que alguém possa ser,
se não for humilde, o seu melhor se perde
na arrogância. A humildade é a parte
mais bela da sabedoria"
(*Anônimo*)

*Fazei, Senhor Jesus, que eu seja mais
humilde e que em meu coração não haja
espaço para a arrogância e o mau humor.*

29

"Se você quer transformar o mundo,
mexa primeiro em seu interior"
(Dalai Lama)

Ó Deus, concedei-me força e sabedoria para mudar o que é preciso em minha vida, assim estarei ajudando a transformar o mundo.

30

"A oração é o encontro da sede de Deus
com a sede do homem"
(Santo Agostinho)

Senhor, quero aprender a rezar melhor e conto com vossa graça para ter paciência comigo: olhai as sedes que tenho e saciai-me com a Água da Vida.

31

Março

"Nada há mais desagradável a Deus
do que uma alma orgulhosa de si mesma"
(São Felipe Neri)

*Concedei-me, ó Deus, um coração livre
de todo orgulho, de toda presunção,
de todo egoísmo. Ajudai-me a ser
mais livre e sincero comigo mesmo.*

Abril

Abril

1

"Não importa o preço, é preciso que Deus esteja contente. É preciso ser santo para fazer santos. Meu Deus, fazei-me santo e não poupai nada para me fazer bom"
(*São Cláudio la Colombière*)

Ó Deus de bondade, guiai meus passos no caminho da vida para que eu possa viver a santidade que vem da vossa graça e dar testemunho do vosso amor.

2

"Mais vale uma pitada de discernimento do que montanhas de conhecimento"
(*Provérbio italiano*)

Ó Espírito Santo, ajudai-me com vossa força para que eu possa discernir sempre o bem que devo fazer. Longe de mim confiar apenas em meus conhecimentos e na minha inteligência.

3

"É importante começar a conversão
do mundo por nossa própria conversão"
(*Antoine Martel*)

*Senhor Jesus, como os que te seguiam pelos
caminhos da missão, eu também quero
mudar o mundo, começando
pelo meu coração e pela minha vida.*

4

"Na Eucaristia encontramos o próprio
Jesus, fonte e modelo supremo da nossa
disponibilidade apostólica,
dando a Sua vida por nós"
(*Caminho do Coração*)

*Ó Cristo glorioso, quero sempre nutrir
minha vida com a vossa vida entregue
na Eucaristia, para estar mais disponível
para a missão.*

Abril

5

"É preciso sair da ilha para ver a ilha.
Não nos vemos se não saímos de nós"
(*Saramago*)

Ó Deus de amor, fazei que eu seja capaz
de sair de mim mesmo para reconhecer
tantos dons recebidos e colocá-los
a serviço dos demais.

6

"Serei seu refúgio seguro durante a vida e,
sobretudo, na hora da morte"
(*quarta promessa*)

Sagrado Coração de Jesus, nosso refúgio,
peço-vos força e coragem para viver bem
minha vida e preparar com serenidade o
momento de minha morte.

7

"Este Coração é fonte de vida e de santidade"
(São João Paulo II)

Ó Coração de Jesus, cheio de ternura e santidade, saciai minha sede com vossa vida para que eu seja mais santo e mais feliz.

8

"Um coração tranquilo é vida para o corpo"
(Provérbios 14,30)

Senhor Jesus, peço-vos a graça de um coração mais tranquilo para que eu consiga enfrentar as durezas da vida e o peso das fraquezas corporais.

9

"É apenas com o coração que se pode ver direito. O essencial é invisível aos olhos"
(*Antoine de Saint-Exupéry*)

Coração de Jesus, de infinita bondade, ajudai-me a olhar o mundo com um grande coração e a não ver ou julgar as pessoas apenas pela aparência.

10

"Só existe uma coisa neste mundo que não está sujeita à inveja, é o último lugar"
(*Santa Teresinha do Menino Jesus*)

Ó Deus, fazei crescer em mim a humildade para buscar somente a Vós e servir ao próximo sem querer nada em troca. Afastai de mim toda inveja e egoísmo.

11

"A Igreja oferece à nossa contemplação este mistério, o mistério do coração de um Deus que se comove e derrama todo o seu amor sobre a humanidade"
(*Papa Bento XVI*)

Deus eterno e cheio de amor, eu vos louvo e agradeço por tantos dons recebidos em Cristo, que veio abrir o caminho da vida nova para a humanidade.

12

"Cristo mesmo vem a nós no seu Corpo e no seu Sangue e modela-nos interiormente segundo o seu Coração, a fim de sermos e agirmos como Ele"
(*Caminho do Coração*)

Ó Cristo, fazei que vosso Corpo e Sangue que recebo na Eucaristia possam tornar o meu coração semelhante ao vosso, para que eu consiga servir e agir como Vós.

Abril

Abril

13

"Feliz de quem atravessa a vida inteira
tendo mil razões para viver"
(*Dom Hélder Câmara*)

Ó Deus da vida, dou graças pelo dom da minha vida e peço-vos força para continuar vivendo e tendo muitas razões positivas para viver.

14

"A Eucaristia e a Cruz são os mananciais
dos quais o Sagrado Coração se expande
em ondas de amor, de graça, de misericórdia"
(*Padre Dehon*)

Fazei, Senhor, que a Eucaristia me sustente para abraçar a minha cruz de cada dia. Que tua Cruz me leve a experimentar tanto amor e tanta misericórdia que brotam do teu Coração.

Abril

15

"Um bom arrependimento é a melhor
medicina para as enfermidades da alma"
(*Miguel de Cervantes*)

*Ó Deus, curai em mim todo ressentimento,
todo ódio, toda mágoa, toda raiva
que tantas vezes me impedem de me alegrar
com tua misericórdia.*

16

"A grandeza de um ser humano depende
da intensidade de sua relação com Deus"
(*Antoine de Saint-Exupéry*)

*Meu Deus, sois a razão de minha vida;
fazei crescer em meu coração o desejo
de estar mais contigo, seja na oração,
seja na missão.*

Abril

17

"O maior mal que pode acontecer a um ser
humano é que ele pense mal sobre si mesmo"
(Goethe)

*Senhor, ajudai-me a ser agradecido,
a olhar o mundo e as pessoas com o vosso
olhar, a não desprezar a mim mesmo.
Que eu me veja como Vós me contemplais.*

18

"Aquele que tem caridade no coração
tem sempre alguma coisa para dar"
(Santo Agostinho)

*Amado Jesus, aumentai minha fé
e caridade para dar aos outros não
somente coisas externas, mas a mim mesmo.
Agradeço por tantos benefícios recebidos.*

19

"Se tiver muito, dê muito. Se tiver pouco, dê pouco. Mas sempre dê com o coração e com alegria"
(*São João Maria Vianney*)

Senhor, dai-me um coração enorme para fazer todas as coisas com alegria. Não permitais que eu impeça a vossa ação neste mundo.

20

"Cultivar as ciências e não amar os seres humanos é como acender uma tocha e fechar os olhos"
(*Provérbio chinês*)

Deus de amor, ajudai-me com vossa bondade e ternura a amar mais os seres humanos e a valorizar as ciências que servem à vida.

Abril

21

"Quem quer mais do que lhe convém,
perde o que quer e o que tem"
(*Padre Antônio Vieira*)

Ó Deus, que eu não queira ajuntar tesouros
na Terra e perder o que vale a pena;
ajudai-me a usufruir menos do que
passa e a confiar mais no que não passa.

22

"Mesmo que você tenha todas as qualidades,
se não for modesto, você é imperfeito"
(*Provérbio judaico*)

Ó Deus, fortalecei meu coração
e ajudai-me a ser simples e humilde;
que eu não me julgue nem melhor
e nem superior a ninguém.

23

"A educação é como um terno ou um vestido:
tem de ser da medida certa"
(*Claparède*)

*Deus de amor, concedei-me o dom
da sabedoria para que eu possa colocar
meus dons e minha inteligência a serviço
dos demais, sem perder a mansidão.*

24

"Onde há amor, também há compreensão
e perdão"
(*Papa Francisco*)

*Ajudai-me, Senhor, a amar
verdadeiramente as pessoas, sendo
compreensivo e perdoando as suas
debilidades e fragilidades.*

Abril

25

"Podemos curar qualquer mal com dois
remédios: o tempo e o silêncio"
(*Alexandre Dumas*)

*Senhor, dai-me sabedoria para mudar
as realidades ao meu redor, que eu seja
paciente com as mudanças e
que guarde em paz, no coração, tantas
situações complicadas.*

26

"Não somos amados por sermos bons.
Somos bons porque somos amados"
(*Desmond Tutu*)

*Ó Pai de misericórdia, sei que amais com
amor eterno, e isso me faz amado
e me transforma em uma pessoa melhor.*

27

"Deve bastar-nos que Deus esteja contente"
(*Santa Margarida Maria Alacoque*)

Ó Deus, agradeço por vossa misericórdia para comigo e para com toda a humanidade. Ajudai-me a corresponder com minha vida a tanto amor.

28

"Não há lugar para a sabedoria onde não há paciência"
(*Santo Agostinho*)

Senhor Jesus, sois a fonte de toda sabedoria, ajudai-me a temperar minha vida com paciência para fazer brilhar vossa presença em mim.

Abril

29

"Compreendi que não bastava denunciar a injustiça. Era preciso dar a vida para combatê-la"
(*Albert Camus*)

Ó Bom Pastor, sentindo as dores da humanidade, que eu esteja pronto a denunciar qualquer injustiça e dedicar minha vida a combatê-la.

30

"A misericórdia de Deus é muito grande, e o seu amor por nós é imenso"
(*Efésios 2,4*)

Ó Deus de imensa misericórdia, que muito nos amais, que eu saiba agradecer por vosso grande amor e saiba tratar com misericórdia as pessoas que vivem ao meu redor.

Maio

Maio

1

"Devemos recordar sempre a dignidade
e os direitos dos trabalhadores"
(*Papa Francisco*)

Senhor Jesus, auxiliai com vossa misericórdia a quem trabalha para que seus direitos e sua dignidade sejam valorizados e respeitados.

2

"As mãos que servem são mais santas
que os lábios que rezam"
(*Santa Teresa de Calcutá*)

Ó Deus, ajudai-me com vossa bondade para que as minhas ações sejam acompanhadas pela oração de cada dia.

3

"A sabedoria repousa no coração sensato"
(Provérbios 14,33)

Ó Deus, fonte de toda sabedoria,
concedei-me um coração sensato,
que saiba discernir vossa vontade e servir
com mais alegria.

4

"Derramarei abundantes bênçãos sobre
os seus empreendimentos"
(quinta promessa)

Ó Coração de Jesus, derramai vossas
bênçãos em minha vida, minha família,
meu trabalho e sobre os afazeres que
a vida me reserva.

Maio

5

"O Senhor convida-nos a dar-lhe o nosso sim
generoso, como o fez Maria de Nazaré.
Não quer salvar-nos nem mudar
o mundo sem nós"
(*Caminho do Coração*)

Ó Mãe de Jesus, colocai-me junto de seu Filho para que minha vida seja um sim generoso a fim de ajudar Jesus a devolver alegria às pessoas.

6

"O coração tem razões
que a própria razão desconhece"
(*Blaise Pascal*)

Ó Pai de bondade, quero consagrar sempre mais meu coração para amar e servir com os mesmos sentimentos de Cristo.

7

"Maria é Mãe de Deus e tudo consegue;
é Mãe dos seres humanos e tudo concede"
(*São Francisco de Sales*)

*Ó Deus, peço-vos, por intercessão
da Mãe de Jesus, que eu esteja disponível
para servir sempre mais ao Reino.*

8

"Se você não tiver um jardim dentro de você,
é certo que você nunca encontrará o paraíso"
(*Angelus Silesius*)

*Deus eterno e cheio de bondade, dai-me
a capacidade de cultivar meu coração
como um jardim florido para já viver
o céu aqui na Terra.*

Maio

9

"O amor se parece com Deus:
para consegui-lo é necessário acreditar nele"
(*Hugo Ojetti*)

Ó Amado de minha vida, aumentai minha fé e esperança para amar mais a quem se aproxima de mim e acreditar mais no amor.

10

"A alegria não nega a tristeza, mas a transforma em uma terra fértil para cultivar mais alegria"
(*Henri Nouwen*)

Senhor Jesus, fazei que diariamente eu perceba tantas alegrias em minha vida, para que eu possa viver e servir cada vez melhor.

11

"Deus ama tanto a cada um de nós que é como se não existisse ninguém mais a quem Ele pudesse dar seu amor"
(*Santo Agostinho*)

Ó Deus, alargai meu coração para acolher a imensidão do vosso amor que dilata meu ser e me faz mais feliz.

12

"O coração de uma mãe é um abismo no fundo do qual há sempre perdão"
(*Honoré de Balzac*)

Deus de amor e bondade, rezo e agradeço por minha mãe e por todas as mães deste mundo.

Maio

Maio

13

"Depois do Sagrado Coração de Jesus,
o segundo coração puro é o coração
de uma mãe"
(*Chindole*)

Ó Coração cheio de amor, concedei vossa graça e proteção às nossas mães para que vivam em paz e felicidade.

14

"Nos momentos de crise, só a inspiração
é mais importante que o conhecimento"
(*Albert Einstein*)

Ó Deus, concedei-me inteligência para suportar os momentos de crise e inspiração para seguir adiante.

15

"É crendo nos mistérios da fé que vencemos
os obstáculos"
(*Santo Antônio de Pádua*)

*Senhor Jesus, ajudai-me a vencer
os obstáculos que surgem em meu caminho,
e que minha fé não perca seu brilho.*

16

"Quando deixamos de ter esperança é melhor
apagar o arco-íris"
(*Mário Lago*)

*Ó Deus, aumentai minha fé e minha
esperança: que os revezes da vida não
me impeçam de continuar perseverante
no caminho.*

Maio

17

"O exemplo impressiona muito mais a mente
e o coração do que as palavras"
(*São João Batista de La Salle*)

Ó Sagrado Coração de Jesus, fazei que eu viva da vossa graça para dar testemunho de tanta bondade recebida de vós.

18

"A morte de um verdadeiro devoto
de Maria é um pulo de um menino para
os braços da mãe"
(*Santa Maria Madalena Sofia Barat*)

Ó Deus de amor infinito, ajudai-me na hora de minha morte, para fazer essa experiência com mansidão e paz no coração.

19

"No excesso do seu amor por nós,
Deus deseja habitar os nossos corações.
É a surpreendente promessa que Cristo fez
aos seus amigos antes de morrer"
(Caminho do Coração)

*Ó Deus, confio em Vós e sei que estais
presente cuidando de mim e de toda
a humanidade. Fazei que eu vos ame
sempre mais.*

20

"Pela porta estreita só entra quem faz
o regime do amor"
(Fernando Buss)

*Ó Jesus, sei que abristes as portas
do Paraíso ao ladrão arrependido.
Eu vos suplico forças para aumentar minha
capacidade de amar.*

21

"O ódio paralisa a vida, o amor a liberta.
O ódio separa, o amor harmoniza.
O ódio obscurece, o amor ilumina"
(*Martin Luther King*)

Ó Deus, com o coração sincero, peço-vos que façais crescer minha disposição de amar mais para vencer todo o ódio, a raiva e o rancor que existem em mim.

22

"O paraíso de Deus é o coração
do ser humano"
(*Santo Afonso Maria de Ligório*)

Fortalecei, Senhor, meu coração com a vossa presença e graça, para que ele seja realmente um paraíso onde Deus goste de estar e viver.

23

"O Coração de Jesus é o sinal natural
e o símbolo do seu Amor sem limites
para com a humanidade"
(Papa Pio XII)

Ó Cristo, eu vos louvo e agradeço por tanto amor e bondade que manifestais com vossa presença no mundo.

24

"A paciência é o baluarte da alma;
ela a fortifica e defende de toda perturbação"
(Santo Antônio de Pádua)

Ó Deus, ajudai-me a ter um coração sereno e paciente, manso e humilde, para temperar as realidades com meu testemunho.

Maio

25

"Todas as mais amargas amarguras não são
mais que doçura neste adorável Coração,
onde tudo se muda em amor"
(Santa Margarida Maria Alacoque)

*Amado Jesus, apresento minhas amarguras
e dificuldades, confiante na doçura
do vosso Coração, que transforma tudo
em amor.*

26

"Se eu falasse as línguas dos homens
e a dos anjos, mas não tivesse amor,
eu seria como um bronze que soa ou
um címbalo que retine"
(1Coríntios 13,1)

*Fazei, Senhor Jesus, que meu amor seja tão
forte e eficaz que ajude a temperar
e iluminar as realidades deste mundo.*

27

"Nos perigos, nas angústias, nas dúvidas, pensa em Maria, invoca Maria. Que ela não se afaste dos teus lábios, não se afaste do teu coração"
(*São Bernardo de Claraval*)

Ó Deus, agradeço pela vida de Nossa Senhora. Confio que ela continua a olhar por mim e a interceder junto a Jesus por minha vida.

28

"A sabedoria é um valor absoluto. Quanto mais você a dá, mais você a tem"
(*Martin Claret*)

Ajudai-me, Senhor, com vosso Espírito Santo, a oferecer todos os meus dons e meus bens, sem querer nada em troca.

Maio

29

"A busca de Deus é a busca da alegria.
O encontro com Deus é a própria alegria"
(*Santo Agostinho*)

*Ó Deus, aumentai minha alegria
no encontro diário que tenho convosco
na oração; que eu vos busque e encontre
sempre mais.*

30

"A consciência é o melhor livro de moral que
temos e aquele que mais se deve consultar"
(*Blaise Pascal*)

*Ajudai-me, Senhor, a ter uma consciência
sempre mais reta e atenta ao bem
que devo fazer. Afastai de mim
todo pensamento negativo.*

31

Maio

"Não existe devoção a Deus sem amor
à Virgem Santíssima"
(*São Francisco de Sales*)

Ó Deus, fazei crescer sempre mais meu amor pela Mãe de Jesus, ela que soube tão bem fazer a vossa vontade.

Junho

junho

1

"Os pecadores acharão, em meu coração,
a fonte e o oceano infinito da misericórdia"
(*sexta promessa*)

*Senhor Jesus, purificai meu ser de toda
maldade e lavai meu coração nas águas
da vossa infinita misericórdia e bondade.*

2

"A oração é a chave que abre o coração
misericordioso de Deus"
(*Papa Francisco*)

*Ajudai-me, Senhor, a confiar mais
e que minha oração me leve a compreender
o imenso amor que vem de Vós.*

3

"No Coração de Jesus quero viver, padecer
e agir de acordo com os seus desígnios, e é por
ele que quero amar e aprender a sofrer bem"
(Santa Margarida Maria Alacoque)

*Senhor, acolhei meu oferecimento de cada
dia com tudo o que sou: minhas alegrias
e meus sofrimentos,
minhas tarefas e fadigas diárias.*

4

"O coração conhece sua própria amargura,
e nenhum estranho pode participar
de sua alegria"
(Provérbios 14,10)

*Ó Deus, Vós me conheceis profundamente,
sabeis de minhas angústias e amarguras.
Concedei-me paz interior para viver
a alegria que vem de Vós.*

5

"O amor de Jesus faz superar todas
as dificuldades"
(*Santa Teresinha do Menino Jesus*)

*Meu bom e amado Jesus, apresento todas
as dificuldades da minha vida e confio
em Vós com toda a força
do meu coração.*

6

"A grandeza do ser humano, a sua verdadeira
riqueza, não está naquilo que se vê,
mas naquilo que se traz no coração"
(*Etty Hillesum*)

*Concedei-me, Senhor, um coração grande
e forte para suportar o fardo das angústias
e alegrar-me com as conquistas diárias.*

7

"Começaste a amar? Então o Senhor Deus
começou a morar em ti"
(*Santo Agostinho*)

Ajudai-me, Senhor, a amar muito e a fazer brilhar a ação do vosso amor através de minhas ações cotidianas.

8

"A festa do Sagrado Coração de Jesus
é a festa do grande amor de Deus por nós.
Ele estabeleceu um diálogo de amor com toda
a humanidade por meio de seu Filho Jesus"
(*Dom Eurico dos Santos Veloso*)

Ó Coração de Jesus, peço-vos que eu seja capaz de amar melhor e confiar mais em Vós, que sois a fonte de toda a bondade.

9

"É certo que a soberba, com seus afãs,
só compra o inferno, e com pouco trabalho
o humilde compra o céu"
(São José de Anchieta)

Senhor Jesus, hoje quero pedir um coração mais simples e humilde, que saiba reconhecer quão maravilhoso é deixar-me guiar por Vós.

10

"Eis o Coração que tanto amou os homens,
que não poupou nada até esgotar-se
e consumir-se, para manifestar-lhes seu amor"
(Grande Revelação a Santa Margarida Maria)

Ó Coração de Cristo, eu vos louvo e agradeço por vossa imensa caridade para com a humanidade, dando-nos vossa Vida para que tivéssemos vida plena.

11

"O que nós somos é o presente de Deus a nós.
O que nós nos tornamos é nosso presente
a Deus"
(Eleanor Powell)

Ó Deus de bondade, eu vos louvo e
agradeço pelo que sou e peço-vos a graça
de ser aquilo que desejais que eu seja.

12

"Chegando, porém, a Jesus, como o vissem
já morto, não lhe quebraram as pernas, mas
um dos soldados abriu-lhe o lado com uma
lança e, imediatamente, saiu sangue e água"
(João 19,33-34)

Ó sangue e água jorrados do lado aberto
de Cristo, lavai-me e purificai-me de tudo
aquilo que impede que eu seja melhor
a cada dia.

13

"A linguagem é viva quando falam as obras.
Calem, portanto, as palavras e falem as obras"
(*Santo Antônio de Pádua*)

*Senhor, meu Deus, que minha vida
e minhas ações possam transmitir uma
linguagem que revele a força
do vosso amor agindo em mim.*

14

"Nunca perca a fé na humanidade, pois ela é
como um oceano. Só porque existem algumas
gotas de água suja nele, não quer dizer
que ele esteja sujo por completo"
(*Mahatma Gandhi*)

*Fazei, Senhor, que eu confie mais
nas pessoas e as veja com vossos olhos.
Dai-me a capacidade de julgar menos
e amar mais.*

junho

15

"A amizade com Jesus leva-nos a olhar
o mundo com os seus olhos, a sofrer com
os seus sofrimentos e a alegrar-nos com as suas
alegrias, a oferecer-nos para trabalhar com Ele
em favor dos nossos irmãos e irmãs"
(*Caminho do Coração*)

*Ó Cristo, ajudai-me para que
meu coração cresça sempre mais em
amizade convosco, para ver o mundo com
vossos olhos e por Vós trabalhar sem me
cansar ou reclamar.*

16

"Um coração alegre é o resultado normal
de um coração inundado de amor"
(*Santa Teresa de Calcutá*)

*Dai-me, Senhor, um coração radiante
de felicidade que revele a alegria do
Evangelho e de saber-me amado por Vós.*

17

"Peçamos sempre a Deus que aumente em nós
o claro conhecimento e o ardente amor
de sua bondade"
(*São Felipe Neri*)

*Ó Deus, alargai a tenda do meu coração
para que eu reconheça o imenso amor com
que me amais e a bondade infinita
que experimento em meu ser.*

18

"Não é a cabeça que devemos trazer erguida,
e sim o coração"
(*Marilda Barroca*)

*Ó Deus de bondade, ajudai-me
com vossa graça a manter meu coração
erguido, sempre agindo e pensando
segundo as coisas do alto.*

junho

19

"Jesus, fazei que aprendamos de ti as coisas
grandes e pequenas, seguindo o exemplo
de entrega total ao amor"
(*Pedro Arrupe*)

*Ó Jesus, de imenso coração, que eu viva
a dinâmica do amor nas pequenas
e grandes coisas, experimentando
vosso amor em tudo.*

20

"Deixar que Cristo se faça próximo de nós,
deixar que ele nos acaricie.
É tão difícil deixar-nos amar por Ele"
(*Papa Francisco*)

*Senhor, eu quero amar-vos;
ensinai-me a difícil ciência,
o difícil hábito de deixar-me amar,
de sentir-vos próximo e terno.*

21

"Prudência é não dizer tudo o que se pensa,
mas pensar tudo o que se diz"
(*Aristóteles*)

*Dai-me, Senhor, um coração capaz
de pensar sempre o bem para proferir
palavras que produzam mais vida
e sentido à humanidade.*

22

"Levanta-te, ó alma amiga de Cristo.
Não cesses a tua vigília, cola teus lábios
neste Coração para daí haurires as águas
das fontes do Salvador"
(*São Boaventura*)

*Concedei-me, Senhor, um coração
vigilante, atento ao bem que devo fazer,
deixando-me saciar das águas
que jorram do vosso Coração.*

23

"Amemos a Jesus com o Coração de Maria.
E a Maria com o Coração de Jesus.
E não tenhamos senão um só coração
e um só amor com Jesus e Maria"
(São João Eudes)

Senhor Jesus, fazei que eu vos ame sempre mais. Agradeço imensamente ao Coração Imaculado de vossa Mãe, que continua atenta às nossas necessidades.

24

"Fé é pisar no primeiro degrau, mesmo
que você não veja a escada inteira"
(Martin Luther King)

Ó Deus de amor, aumentai a minha fé diariamente para que eu ame mais meu próximo e sirva a quem de mim mais precisar.

25

"Chega o momento de esperar em Deus
quando tudo o que é humano nos escapa"
(Santo Ambrósio)

Amado Senhor, fazei que minha esperança esteja somente em Vós. Que eu não confie em minhas capacidades e forças.

26

"Há uma eloquência no silêncio
que vai mais longe do que a linguagem
o poderia jamais fazer"
(Blaise Pascal)

Ó Espírito Santo, ajudai-me a encontrar a linguagem do silêncio dentro de mim para me conectar sempre mais com a vontade de Deus.

junho

27

"No centro do vosso peito, vejo unicamente
uma fornalha, e quanto mais me fixo nesse
braseiro ardente, mais parece que os contornos
ao redor do vosso Corpo se fundem,
se alargam para além de tudo, até que não
distingo em Vós mais do que a figura
de um mundo em chamas"
(Pierre Teilhard de Chardin)

Sagrado Coração de Jesus, que eu possa contemplar o vosso peito ardendo de amor pela humanidade e por todos os seres da Terra.

28

"Quanto mais se ama, melhor se reza"
(Charles de Foucauld)

Fazei, Senhor, que minha oração seja reflexo do meu amor e que todo o amor que dispensar aos demais brote da oração de cada dia.

29

"O essencial de nossa vida é que fique,
em algum lugar, o fruto da nossa bondade"
(*Antoine de Saint-Exupéry*)

Ó Deus bondoso, ajudai-me a ser bondoso,
a não buscar recompensa em nada
e a servir aos demais com
muito amor e gratidão.

30

"Apaixonar-se por Deus é o maior
dos romances; procurá-lo, a maior aventura;
encontrá-lo, a maior de todas as realizações"
(*Santo Agostinho*)

Senhor, meu Deus, fazei que eu vos busque
e encontre sempre mais na intimidade
do meu coração, para ser sinal de ternura
e compaixão.

Julho

Julho

1

"Devemos ser agentes de transformação
em nossa sociedade, trabalhando ativamente
para mudar as estruturas injustas"
(Pedro Arrupe)

*Amado Jesus, ajudai-me, nas lutas
de cada dia, a ser fermento que transforma
a massa através do meu trabalho
e testemunho cristão.*

2

"É justo que Deus, tão puro, se revele apenas
aos que purificaram o seu coração"
(Blaise Pascal)

*Ó Deus, dai-me um coração puro capaz
de reconhecer vossa presença em meio
a tantas situações cotidianas.*

Julho

3

"Orar não é pedir. Orar é a respiração da alma"
(*Mahatma Gandhi*)

Senhor, meu Deus, ensinai-me a rezar diariamente, a manter o meu coração unido ao Coração de Jesus, a agradecer, mais do que pedir.

4

"O amor é, em primeiro lugar, exercício de oração, e todo exercício de oração é exercício de silêncio"
(*Antoine de Saint-Exupéry*)

Ajudai-me, Senhor, a amar mais e melhor as pessoas que estão ao meu redor. Que meu amor se revele no silêncio de minha oração e ação.

5

"Sem caridade não há nada
que agrade a Deus"
(*São Clemente Romano*)

Ó Cristo, fortalecei meus passos, pois quero servir aos demais com a caridade que brota do Espírito Santo derramado em nossos corações.

6

"As almas tíbias se tornarão fervorosas"
(*sétima promessa*)

Ó Deus, aumentai minha esperança e confiança e livrai-me de toda tibieza, que não me deixa servir às pessoas como elas merecem.

Julho

7

"A eternidade é o caminhar de começo em começo, por começos que não terão mais fim"
(*São Gregório de Nissa*)

Fortalecei minha fé, ó Deus de amor, para viver a vida amando e servindo, tendo sempre o coração confiante.

8

"As feridas da alma são curadas com carinho, atenção e paz"
(*Machado de Assis*)

Senhor Jesus, curai em mim tantas dores e feridas, mágoas e rancores que vou guardando pela vida; purificai meu coração de toda perturbação.

9

"Confiar na sabedoria de Deus é sentir-se
amparado em meio ao temporal da vida"
(*Santa Paulina*)

*Eu confio que sois meu Deus e protetor
de minha vida; dai-me vossa sabedoria
para que eu vença as tempestades
que surgem no caminho.*

10

"No coração de quem planeja o mal,
há fraude, mas para os que promovem a paz,
há alegria"
(*Provérbios 12,20*)

*Ó Deus da paz, livrai meu coração de toda
maldade e enganação e fortalecei
meus passos para que eu viva e promova
a paz e a alegria.*

11

"Ao Mestre cabe falar e ensinar,
ao discípulo, calar e ouvir"
(*São Bento*)

*Falai, Senhor, ao meu coração tudo aquilo
que desejais; coloco minha vida
em vossas mãos; ajudai-me a calar
para ouvir vossos ensinamentos.*

12

"Tu te tornas eternamente responsável
por aquilo que cativas"
(*Antoine de Saint-Exupéry*)

*Senhor, coloco em vossa presença tantas
pessoas que amo, sei que cuidais delas
com amor e proteção.
Ajudai-me a amar mais.*

13

julho

"A Eucaristia e a Cruz são os mananciais
dos quais o Sagrado Coração se expande
em ondas de amor, de graça, de misericórdia"
(*Padre Dehon*)

*Ó Cristo, amado Senhor, agradeço-vos
por vossa entrega e peço que continueis a
alimentar-me com a Eucaristia para ser
melhor instrumento de amor
e misericórdia.*

14

"Os enfermos são as pupilas do Coração
de Jesus, e o que fizermos por eles faremos
ao próprio Deus"
(*São Camilo de Lellis*)

*Fortalecei meus braços, ó Deus, para
colocar-me a serviço dos enfermos
e necessitados, contemplando
o Coração de Jesus.*

15

"Jesus Cristo nos chama seus amigos
e convida-nos a uma aliança de amor pessoal,
íntima e afetiva com Ele"
(*Caminho do Coração*)

*Ó Cristo, que nos chamais seus amigos,
ajudai-me a viver minha vida
numa aliança de amor para servir
melhor ao Reino.*

16

"Viver sem amar não é realmente viver"
(*Molière*)

*Ó Deus de amor, sustentai minha vontade
de amar mais e servir melhor a tantas
pessoas que pedem um pouco mais
de carinho e cuidado.*

17

julho

"Ninguém ama hoje como ontem,
porque o amor não conhece rotina"
(*Dom Paulo Evaristo Arns*)

*Senhor, descubro diariamente
que devo amar mais; cada novo dia
é uma oportunidade para renovar
meu desejo de ser melhor.*

18

"Ó Amor, o ardor de tua divindade
abriu-me o Coração dulcíssimo de Jesus!
Ó Coração, do qual mana toda doçura.
Ó Coração, transbordante de ternura.
Ó Coração, repleto de caridade"
(*Santa Gertrudes*)

*Ó Jesus, fonte de Amor, quero saciar-me
da infinita bondade, ternura e caridade
que brotam do vosso
Coração que tanto nos amou.*

19

"Deixar de confiar em Deus seria uma coisa
muito mais terrível do que
qualquer mal físico"
(São Francisco Xavier)

*Senhor, sois minha rocha e proteção,
aumentai minha fé e fazei crescer
a chama da confiança em meu coração.*

20

"Esse divino Coração é todo doçura,
humildade e paciência"
(Santa Margarida Maria Alacoque)

*Ó divino Coração de Jesus, fonte de todo
bem, ajudai-me a crescer em humildade
e paciência para dar testemunho
de vossa bondade.*

21

julho

"No íntimo do ser humano existe Deus"
(*Santo Agostinho*)

Ó Deus, sou grato porque conheceis minhas entranhas e meus sentimentos profundos e continuais a me amar com amor eterno.

22

"Que ninguém se engane, só se consegue a simplicidade através de muito trabalho"
(*Clarice Lispector*)

Senhor, sois a razão da minha existência, ajudai-me a ser mais simples, a não buscar honra vã e nem glória passageira.

23

"A oração morre quando o desejo se esfria"
(*Santo Agostinho*)

*Espírito de Deus, fonte de todo bem,
dai-me força e coragem para manter acesa
a chama da oração e do desejo
de ser melhor.*

24

"Muitos cristãos são anêmicos espiritualmente
porque não comem o Pão da Vida"
(*M. Crisponez*)

*Senhor Jesus, fortalecei minha vida
com o alimento precioso da Palavra
e da Eucaristia para que eu viva e sirva
melhor aos demais.*

25

"A esperança é a mãe da fé"
(*C. A. Bartol*)

*Ó Deus, aumentai minha esperança
para que minha fé se fortaleça,
pois em Vós confio e de Vós espero tudo;
não quero mais nada.*

26

*"Esquecer os ancestrais é como ser um riacho
sem nascente, uma árvore sem raiz"*
(*Provérbio chinês*)

*Sou grato, Senhor, por todos
os meus antepassados. Eu vos louvo
e agradeço por eles; são reservas de
sabedoria e tradição.*

27

> "A justiça deve ser temperada
> pela misericórdia"
> (*Taylor Caldwell*)

*Ó Deus, fonte de misericórdia,
rezo pelas instituições de justiça deste
mundo para que se deixem banhar
pela compaixão e pela misericórdia.*

28

> "O importante é a vida, os amigos,
> este mundo injusto que devemos modificar"
> (*Oscar Niemeyer*)

*Ó Cristo, amado Jesus, dai-me vossa
capacidade de servir e tratar a todos como
amigos para transformar as mazelas
em situações de verdadeira vida.*

29

"Deus está em toda parte,
mas o ser humano somente o encontra
onde o busca"
(Provérbio judaico)

Ó Deus, ajudai-me a buscar e encontrá-lo nas pessoas e nas pequenas situações e realidades do dia a dia, pois reconheço vossa presença agindo em tudo.

30

"Desapegar não significa que você
não deva possuir nada, mas sim, que nada
deve possuir você"
(Anônimo)

Senhor, libertai meu coração de todo apego, aumentai minha liberdade diante de tudo e de todos, não quero reter nada para mim.

julho

31

"A vitória mais bela que se pode alcançar
é vencer a si mesmo"
(Santo Inácio de Loyola)

*Ó Deus, que eu vença diariamente
a batalha interior de superar meus limites
e dificuldades para que cresça
a vossa graça em minhas ações.*

Agosto

Agosto

1

"Compreendi que o amor encerra todas as vocações"
(*Santa Teresinha do Menino Jesus*)

Ó Deus, fonte de todo amor, fazei que eu ame melhor as pessoas próximas a mim e também aquelas que pedem mais cuidado e atenção.

2

"O sacerdote é um ostensório, seu dever é mostrar Jesus. Ele tem de desaparecer para deixar que só se veja Jesus"
(*Charles de Foucauld*)

Senhor Jesus, rezo por todos os padres que conheço para que continuem animados e firmes em sua vocação e missão.

Agosto

3

"As almas fervorosas vão se elevar
rapidamente a uma grande perfeição"
(*oitava promessa*)

Ó Deus, aumentai o fervor de minha
fé para que minha vida e minhas ações
revelem todo o bem que recebo
de Vós todos os dias.

4

"O sacerdote é o amor do Coração de Jesus"
(*São João Maria Vianney*)

Jesus, pastor eterno, peço hoje por todos
os sacerdotes: que eles contem com apoio
e proximidade das pessoas para viverem
bem sua vida e seu ministério.

Agosto

5

"O que temos é dos pobres, e somente
o que lhes damos se torna nosso"
(*São Camilo de Lellis*)

*Fazei, Senhor, que eu saiba viver
com o necessário, sem acumular nada
e sem me apegar ao pouco que tenho,
para viver com dignidade.*

6

"Se não dermos ouvido ao Senhor quando
Ele nos chama, pode acontecer que não
consigamos encontrá-lo quando o quisermos"
(*Santa Teresa D'Ávila*)

*Senhor Jesus, agradeço pela minha
existência e ofereço o que sou para
contribuir com o vosso projeto de amor.*

7

"Interroga-te com frequência assim:
que quer de mim o Senhor neste momento?"
(*Beata Elena Guerra*)

Ó Deus, estou disposto a tudo
o que desejais de mim. Fazei que toda
a minha vida seja para vos louvar
e servir à humanidade que sofre.

8

"O coração humano planeja sem rumo,
mas o Senhor é quem lhe firma os passos"
(*Provérbios 16,9*)

Senhor, olhai meu coração e tomai
a direção de meus passos; que eu não ande
vacilante, mas coloque minha esperança
e confiança em vós.

Agosto

9

"Não tenho tempo para mais nada,
ser feliz me consome muito"
(*Clarice Lispector*)

Ó Deus, fonte de todo bem, ajudai-me a identificar tantas razões que tenho para ser feliz e viver em paz e dar testemunho da vossa bondade.

10

"As pessoas são solitárias porque constroem muros em vez de pontes"
(*Antoine de Saint-Exupéry*)

Fortalecei, Senhor, meus braços e minha vontade para ajudar a construir um mundo mais justo e fraterno, onde todos gostem de viver.

11

"Jesus é a ponte entre Aquele que tudo
pode e as criaturas que de tudo precisam"
(*Santa Clara de Assis*)

*Amado Jesus, sou grato porque me amais;
ajudai-me a ser disponível para ajudar
a humanidade a ser uma grande ciranda
de irmãos.*

12

"Temer o amor é temer a vida, e aqueles que
temem a vida já estão praticamente mortos"
(*Bertrand Russell*)

*Senhor, que eu ame sempre mais e viva
a alegria de saber-me amado por Vós
desde sempre para estar a serviço da vida
e da esperança.*

Agosto

13

"No amor e na fé encontraremos as forças
necessárias para nossa missão"
(*Irmã Dulce dos Pobres*)

Ó Deus de bondade, fazei crescer minha fé e meu amor para viver plenamente a missão que recebi desde o meu Batismo.

14

"Um itinerário de fé, de oração e de vida,
adequado a quem está em busca interior,
reconhece a sua necessidade espiritual
e quer receber Jesus Cristo no seu coração"
(*Caminho do Coração*)

Ajudai-me, Senhor, a reconhecer vossa presença no meu íntimo, transformando minha vida e guiando meus passos.

15

Agosto

"Sabemos muito bem que a Virgem Santíssima
é a rainha do céu e da Terra,
mas ela é mais mãe do que rainha"
(Santa Teresinha do Menino Jesus)

*Ó Mãe querida, ajudai-me com vossa
graça materna a estar sempre atento
e disponível para a missão
que teu Filho Jesus me pede.*

16

"O sucesso no casamento requer algo mais
do que encontrar a pessoa certa:
é ser a pessoa certa"
(Joseph Addison)

*Senhor Jesus, sou grato por minha família
e peço por quem vive a graça
do matrimônio, para que seja sinal
do vosso amor para conosco.*

17

"A distância entre o céu e a Terra nunca poderá separar os corações que Deus uniu"
(*São Francisco de Sales*)

Ó Deus de amor, louvado sejais pelo amor que vivem os casais: que eles revelem para a humanidade sem rumo o infinito dom de amar sem medidas.

18

"Não és tu que escolhes a tua família: ela é um dom de Deus para ti, assim como tu és para ela"
(*Desmond Tutu*)

Amado Senhor, obrigado por meus pais e meus irmãos, presentes que recebi sem merecer. Sou eternamente grato por minha família.

Agosto

19

"Hoje, todo e qualquer sociólogo que se preze volta a dizer que nunca se descobrirá ambiente mais favorável à educação do que o da família"
(*Dom Paulo Evaristo Arns*)

Senhor, rezo por toda família, para que seja um santuário de amor, cuidado e compreensão, onde cada um esteja atento ao bem dos demais.

20

"Todas as nossas palavras serão inúteis se não brotarem do fundo do coração. As palavras que não são luz aumentam a escuridão"
(*Santa Teresa de Calcutá*)

Dai-me, Senhor, a palavra certa para ajudar a tantas pessoas que me pedem um conselho, um ombro amigo, uma palavra de conforto.

21

"Vocação é diferente de talento.
Pode-se ter vocação e não ter talento, isto é,
pode-se ser chamado e não saber como ir"
(*Clarice Lispector*)

*Louvado sejais, ó Deus, pelo chamado
que fazeis a cada pessoa. Agradeço-vos
pelos dons e talentos concedidos a mim.
Ajudai-me a fazer frutificar tudo
o que recebi de vossa bondade.*

22

"O amor não consiste em olhar um
para o outro, mas sim, em olharem
ambos na mesma direção"
(*Antoine de Saint-Exupéry*)

*Ó Deus, fonte de todo amor,
fazei crescer meu desejo de amar mais e
cuidar de quem comigo partilha
as experiências de cada dia.*

23

"A vida cristã consiste em fazer pequenas coisas com um grande coração"
(*A. Perreyve*)

Senhor, sou grato por vossa bondade e fidelidade que transformam o meu coração. Ajudai-me a ser sinal de vossa presença nas pequenas atitudes de cada dia.

24

"Os homens dizem que reinam quando são temidos; mas reinar é ser amado"
(*São Francisco de Sales*)

Ó Deus, bendito sejais por tantas ocasiões de amor que experimentei durante a vida. Que eu ame mais e viva a alegria de ser amado.

Agosto

25

"Ninguém tem memória suficientemente boa
para mentir com êxito a vida toda"
(*Abraham Lincoln*)

Fazei, Senhor, que eu possa encontrar no meu íntimo a verdade sobre mim mesmo para viver a plenitude da vida que desejais para mim. Longe de mim toda mentira e falsidade.

26

"A oração deve ser insistente, já que
a insistência manifesta a fé"
(*São Pio de Pietrelcina*)

Concedei-me, Senhor, o dom da perseverança. Que eu não desista facilmente dos propósitos que assumi em minha vida.

27

"Descobri que o céu é ver os outros felizes"
(*Dom Luciano Mendes de Almeida*)

Senhor Jesus, fazei que eu possa servir com humildade e alegria para que as pessoas sejam mais felizes; assim já vou vivendo o céu na Terra.

28

"Tu nos fizestes para Vós, e o nosso coração está inquieto enquanto não repousar em Vós"
(*Santo Agostinho*)

Ó Deus, fonte da vida, olhai meu coração inquieto e fazei que eu me prepare com confiança para a plena paz em vosso Coração.

Agosto

29

"Podemos escolher o que semear, mas somos obrigados a colher aquilo que plantamos"
(*Anônimo*)

Senhor, fortalecei meus braços para ser um bom semeador e espalhar boas sementes no campo da vida.

30

"Há pessoas semelhantes a estrelas, as quais não vemos; entretanto, aproveitamos da sua luz"
(*São Zygmunt Felinski*)

Sou grato, ó Deus, por tantas pessoas que foram luzes no meu caminho, que me iluminaram com seu testemunho e compromisso.

31

"A gente tem que lutar para tornar possível
o que ainda não é possível"
(Paulo Freire)

*Ajudai-me, Senhor, a lutar, confiar
e esperar diariamente, sabendo que um
mundo mais justo e solidário é possível
e depende de mim.*

Agosto

Setembro

Setembro

1

"O desconhecimento das Escrituras
é o desconhecimento de Cristo"
(São Jerônimo)

*Iluminai, ó Deus, minha inteligência
com a luz do Espírito Santo para
o conhecimento de Cristo que se revela
nas Sagradas Escrituras.*

2

"Além da cruz, não existe outra escada
para subir ao Céu"
(Santa Rosa de Lima)

*Ó Cristo Jesus, dai-me a capacidade
de abraçar a cruz de cada dia que a vida
me apresenta e ser grato por tudo.*

Setembro

3

"Ler a Sagrada Escritura significa pedir
o conselho de Cristo"
(*São Francisco de Assis*)

Ó Deus, que o Espírito Santo me dê
clareza e sabedoria para acolher
os ensinamentos que Cristo me oferece
diariamente com sua Palavra.

4

"A amizade, cuja fonte é Deus,
não se esgota nunca"
(*Santa Catarina de Sena*)

Senhor, meu Deus, alargai meu coração
para crescer na amizade.
Agradeço pelos amigos que me tendes
concedido ao longo de minha vida.

5

"Para obter a paz do coração, procuremos falar
mais de Jesus e menos dos homens"
(*Santa Teresa de Calcutá*)

Ó Deus da paz, quero servir com caridade
a quem de mim se aproximar, revelando
vossa bondade, que enche de paz
meu coração.

6

"Um coração alegre facilita a cura,
um espírito abatido resseca os membros"
(*Provérbios 17,22*)

Senhor Jesus, dai-me viver a alegria
que vem do vosso Espírito Santo e da
certeza de saber-me amado desde sempre.

Setembro

Setembro

7

"A Mãe-Pátria não é um conceito geográfico
nem um conceito nacional: a Mãe-Pátria
é a Liberdade"
(*Andrei Sakharov*)

Ó Deus, rezo por nossa nação, para que seja espaço que favoreça a liberdade e o direito, a justiça e a paz entre todos os cidadãos.

8

"Abençoarei as casas em que se achar exposta
e for venerada a imagem do meu coração"
(*nona promessa*)

Ó Coração de Jesus, abençoai minha casa e todas as famílias que se consagraram ao vosso amado Coração para que vivam em paz.

9

"A suprema felicidade da vida é a convicção
de ser amado por aquilo que você é.
Ou, mais corretamente, de ser amado apesar
daquilo que você é"
(*Victor Hugo*)

*Senhor, ajudai-me a reconhecer e valorizar
tantos dons com que fui agraciado
para viver a felicidade de ser amado,
apesar de minhas limitações.*

10

"O importante não é o que se dá,
mas o amor com que se dá"
(*Santa Teresa de Calcutá*)

*Ó Deus de amor, fortalecei meu desejo de
amar mais e servir melhor aos que
me procuram e mais precisam do meu amor.*

Setembro

Setembro

11

"É bem mais difícil julgar a si mesmo
que julgar os outros"
(*Antoine de Saint-Exupéry*)

*Fazei, Senhor, que minhas ações ajudem
a melhorar as realidades do mundo.
Fortalecei meu coração
para que eu não julgue ninguém.*

12

"A felicidade aparece para aqueles que
choram. Para aqueles que se machucam.
Para aqueles que buscam e tentam sempre"
(*Clarice Lispector*)

*Ó Deus, aumentai minha capacidade
de persistir no caminho do bem em meio às
dificuldades. Que eu seja perseverante
e confiante.*

13

"Deus nos ensinou a não aceitar facilidades,
mas a encontrar vida na dureza da cruz"
(*Dom Hélder Câmara*)

Senhor Jesus, que carregastes o duro peso
da cruz, ajudai-me a não desistir
e nem desanimar diante das cruzes
do sofrimento e da ingratidão.

14

"A cruz é um tesouro inestimável"
(*Santa Margarida Maria Alacoque*)

Ó bom Jesus, fortalecei minha vida para
compreender o imenso valor da cruz
de cada dia; que eu não desista de viver
minha vida, acolhendo-a como um tesouro
recebido de vossa bondade.

Setembro

Setembro

15

"Agradeço-vos, Jesus, pelas graças
e pelos pedacinhos da Cruz que me dais
a cada momento da minha vida"
(Santa Faustina Kowalska)

Jesus, dai-me força e coragem para carregar a cruz diariamente, oferecendo minhas alegrias e meus sofrimentos pelo bem da humanidade.

16

"Quanto mais gostamos de ser aplaudidos
pelo que dizemos, tanto mais propensos
somos a criticar o que os outros dizem"
(São Francisco de Sales)

Ó Deus, que eu não queira ser melhor nem maior que ninguém; que não me julgue tão importante a ponto de criticar os demais com minhas palavras e ações.

17

"A maioria das pessoas se preocupa com passagens da Bíblia que não entende, mas as passagens que me preocupam são as que eu entendo"
(*Mark Twain*)

Ó Sabedoria divina, ajudai-me a entender e compreender o apelo da Palavra de Deus, que me exorta a viver a fé com mansidão e humildade.

18

"Gente simples, fazendo coisas pequenas, em lugares pouco importantes, consegue mudanças extraordinárias"
(*Provérbio africano*)

Senhor Jesus, desejo ser instrumento de paz e de mudança para que o mundo vos ame e conheça sempre mais.

Setembro

19

"Não devemos permitir que alguém saia
da nossa presença sem se sentir melhor
e mais feliz"
(Santa Teresa de Calcutá)

*Ó Cristo, minha força, que eu saiba ser
simples e humilde nas pequenas situações
da vida, sendo sinal da alegria e da
felicidade de estar na vossa presença.*

20

"O Amor é o modo como Deus nos olha
e acompanha sempre, independentemente
do rumo que a nossa vida tenha tomado,
ainda que nos afastemos dele.
O seu amor é incondicional e imutável"
(Caminho do Coração)

*Ó Deus, sei que me amais gratuitamente,
agradeço-vos por tanto amor e peço que
sustenteis meus passos no caminho da vida.*

21

"A árvore, quando está sendo cortada, observa
com tristeza que o cabo do machado
é de madeira"
(*Provérbio árabe*)

*Ó Deus, quantas vezes desprezamos nossos
semelhantes e não cuidamos da vida.
Fazei que lutemos para que as pessoas
vivam com mais dignidade e respeito.*

22

"Quando rezamos, falamos com Deus.
Quando lemos a Sagrada Escritura,
Deus fala conosco"
(*Santo Isidoro de Sevilha*)

*Senhor, iluminai minha inteligência
para que eu saiba escutar vossa Palavra
que fala comigo quando leio, medito
e rezo os textos da Sagrada Escritura.*

Setembro

Setembro

23

"O valor do homem como pessoa é maior
que todo o dinheiro do mundo"
(*Dom Paulo Evaristo Arns*)

Deus eterno e bondoso, que eu possa amar meu próximo por sua dignidade e seu valor humano, sem preocupar-me tanto com sua posição social ou riqueza material.

24

"Para que nossa oração seja ouvida, não depende da quantidade de palavras, mas do fervor de nossas almas"
(*São João Maria Vianney*)

Ó Deus, aumentai o fervor da minha vida, pois quero amar-vos sempre. Que minha oração mantenha meu coração unido ao de Jesus.

25

"Aproveite as ocasiões para praticar
as virtudes e fazer obras com santo fervor"
(*Beata Elena Guerra*)

Senhor, meu Deus, quero e desejo crescer nas boas ações, praticar as virtudes que me levam para mais perto da vossa vontade.

26

"Se a gente cresce com os golpes duros
da vida, também podemos crescer com
os toques suaves na alma"
(*Cora Coralina*)

Ó Deus, ajudai-me a superar os duros golpes com que a vida me presenteou e a reconhecer a vossa graça, que preencheu os espaços vazios da minha alma.

Setembro

27

"O fruto principal da oração é tomar
resoluções e praticar as resoluções tomadas"
(*São Vicente de Paulo*)

*Ajudai-me, Senhor, a tomar as decisões
que brotam da vossa vontade e a praticar
no dia a dia o que mais me conduz
para a alegria e a paz.*

28

"Os anos enrugam a pele, mas renunciar
ao entusiasmo faz enrugar a alma"
(*Albert Schweitzer*)

*Fazei, ó Deus, que eu nunca perca
o entusiasmo e a vontade de amar e servir
a quem de mim precisar; afastai de mim
todo pensamento negativo e ruim.*

29

"Uma vez que a palavra divina é a fonte
de toda sabedoria, todos podem tornar-se
discípulos de Deus"
(*André Feuillet*)

*Ó Deus, acompanhai-me com vossa
bondade para que eu seja um seguidor de
Jesus, disponível a colaborar
em sua missão.*

30

"Muitos começam bem,
mas poucos são os que perseveram"
(*São Jerônimo*)

*Ajudai-me, Senhor, a ser perseverante,
a não desistir da caminhada,
a não duvidar da vossa graça
que me acompanha sem cessar.*

Setembro

Outubro

Outubro

1

"Tu sabes bem, meu único martírio
é teu amor, Coração Sagrado de Jesus"
(*Santa Teresinha do Menino Jesus*)

*Senhor Jesus, ajudai-me a viver
a felicidade de saber-me amado por Vós,
assim posso irradiar maior amor
ao meu próximo.*

2

"Quem está contente com a sua velhice
tem por mais tempo o gosto de viver"
(*Manfred Lütz*)

*Ó Deus, cuidai das pessoas que estão
na maturidade da vida para que sejam
apoiadas e valorizadas e vivam contentes.*

3

"Não é belo o que parece mais belo,
mas sim o que Deus quer"
(*Santa Josefina Bakhita*)

*Senhor, fonte de toda bondade,
favorecei-me com vossa graça e proteção
para descobrir, acolher e viver sempre
a vossa vontade, o vosso projeto
de amor para mim.*

4

"Tome cuidado com a sua vida, talvez ela seja
o único evangelho que as pessoas leiam"
(*São Francisco de Assis*)

*Ajudai-me, ó Deus, a viver de tal modo
que as pessoas reconheçam em minhas
ações de cada dia a notícia boa de ser
guiado por Vós.*

5

"Darei aos sacerdotes o dom de tocar
os corações mais endurecidos"
(*décima promessa*)

*Ó Coração de Jesus, de imensa caridade
e compaixão, quero apoiar com minha
oração e amizade a cada sacerdote,
chamado a ser bom pastor.*

6

"Se quiser conhecer uma pessoa, não observe
o que ela faz, mas o que ela ama"
(*Santo Agostinho*)

*Ó Deus de amor, aumentai minha
capacidade de amar sem distinção
e de servir sem querer nada em troca,
a não ser a vossa graça.*

Outubro

Outubro

7

"Quanto mais puro for um coração,
mais perto estará de Deus"
(*Mahatma Gandhi*)

Concedei-me, Senhor, a pureza de coração para aproximar-me de Vós e viver minha vida com mais alegria e felicidade.

8

"Um coração sensato alcança o conhecimento,
e o ouvido dos sábios procura-o"
(*Provérbios 18,15*)

Ó Deus, transformai meu coração e fazei que minha boca, meus ouvidos e meus olhos busquem apenas o vosso conhecimento.

9

"Quem julga as pessoas não tem tempo
para amá-las"
(*Santa Teresa de Calcutá*)

*Fazei, ó Deus, que eu ame mais as pessoas,
preocupando-me com suas necessidades,
deixando de lado toda forma
de julgamento.*

10

"A transformação do mundo começa na hora
em que cada cristão assume
responsavelmente o seu papel social,
para a construção do bem comum"
(*Dom Paulo Evaristo Arns*)

*Ó Cristo Jesus, redobrai minhas forças
para trabalhar na transformação
do mundo e na construção do bem comum,
que é tarefa de todos.*

Outubro

11

"A felicidade aparece para aqueles
que reconhecem a importância das pessoas
que passam em nossa vida"
(Clarice Lispector)

Agradeço-vos, Senhor, por todas as pessoas que fazem parte da minha história. Elas me ajudam a construir a felicidade diariamente.

12

"Maria é, na cristandade inteira, o mais nobre
tesouro depois de Cristo, e nunca poderemos
exaltar o suficiente a mais nobre imperatriz
e rainha, exaltada e bendita acima de toda
nobreza, com sabedoria e santidade"
(Martinho Lutero)

Bendito seja Deus por Maria, a Mãe de Jesus, que soube dispor sua vida para a aventura de viver totalmente a serviço da Vida.

13

"Só por amor se deve receber Jesus Cristo
na comunhão, já que só por amor
Ele se dá a nós"
(São Francisco de Sales)

*Ó Cristo, agradeço por vossa presença
na Eucaristia, que me alimenta e revela
quão grande amor continuais
a manifestar pela humanidade.*

14

"A melhor forma de descobrir se temos
em nós o amor de Deus é ver se amamos
o nosso próximo"
(Santa Teresa D'Ávila)

*Ó Deus de bondade e misericórdia,
ajudai-me a revelar o grande amor que
tenho por Vós amando melhor ao meu
próximo mais necessitado.*

Outubro

Outubro

15

"Ensinar é um gesto de generosidade,
humanidade e humildade.
Ensinar é um gesto de amor"
(*Içami Tiba*)

Louvo e bendigo ao Senhor por meus educadores; eles me ajudaram a descobrir a grande aventura do conhecimento e do cuidado com a vida.

16

"Só o coração humilde pode entrar
no Sagrado Coração de Jesus"
(*Santa Margarida Maria Alacoque*)

Ó Deus, peço-vos a graça da humildade, para que minhas ações e orações me conduzam para dentro do Coração de Jesus.

17

"A serviço da sua Igreja, somos enviados
a tornar presente no mundo
o amor compassivo de Deus"
(*Caminho do Coração*)

*Concedei-me, ó Deus, um coração atento
aos desafios da humanidade, capaz
de revelar o vosso amor compassivo.*

18

"Só com a tua graça poderei realizar algo
para a tua glória"
(*Santo Inácio de Loyola*)

*Ó Deus, dai-me vosso amor e
vossa graça para estar a serviço da
vossa glória, que se revela no cuidado
e na defesa da vida que sofre.*

Outubro

19

"Para falar ao vento bastam palavras,
para falar ao coração são necessárias obras"
(Padre Antônio Vieira)

*Fortalecei minha vida, Senhor,
para que minhas orações e obras sejam
o condimento para dar sabor a tantas
realidades sem gosto e sem sentido.*

20

"Uma pessoa bem-alimentada dificilmente
acredita que a outra está com fome"
(Provérbio africano)

*Ó Deus, o mundo tem fome: de comida,
de paz, de justiça, de carinho e de cuidado.
Ajudai-me a amenizar as fomes da
humanidade com meu testemunho.*

21

"Examina bem os teus pensamentos, e se os vires puros, puro será também o teu coração"
(*Confúcio*)

Iluminai-me, ó Deus, com a luz do Espírito Santo, para examinar meu coração, sentimentos, palavras e ações diárias e manter-me unido a Vós.

22

"Quem quiser conservar a graça não deve afastar os olhos da alma da Cruz, tanto na alegria como na tristeza"
(*Santa Ângela de Foligno*)

Ajudai-me, ó Cristo, a não desanimar diante das dificuldades e dos sofrimentos; quero que a vossa Cruz acenda em mim o desejo de servir melhor ao vosso Reino.

Outubro

23

"Se olhares para Deus, o que tanto
te preocupa vai parecer insignificante"
(Santa Clara de Assis)

*Ó Deus, afastai de mim toda perturbação
e fazei que meus olhos estejam fixos
em Vós para que meu coração deseje fazer
somente a vossa vontade.*

24

"Se a Igreja não tem missão, não tem coração.
Se o padre não tem missão,
não tem coração"
(Dom Pedro Brito)

*Senhor, fortalecei minha vida
para servir ao Reino com todo
o meu coração e a minha vontade.
Rezo pela igreja missionária: leigos, padres,
bispos, diáconos.*

25

"A fé me ensina o caminho. Sem ela,
eu andaria na escuridão. Por isso, eu disse:
Pai Eterno, ilumina-me com a luz da fé"
(Santa Catarina de Sena)

*Ó Deus, aumentai com vossa graça
a chama da minha fé para permanecer
no caminho, clareando as trevas
com meu testemunho.*

26

"Deus tem sempre o que ensinar e o ser
humano tem sempre o que aprender de Deus"
(Santo Irineu)

*Ó Deus, ensinai-me com vossa sabedoria
para que nos projetos e ações eu busque
fazer sempre a vossa vontade.*

27

"Quem tem caridade no coração,
tem sempre qualquer coisa para dar"
(São Vicente de Paulo)

*Senhor Jesus, alargai sempre mais o meu
coração, pois quero viver minha vida
fazendo sempre o bem, acolhendo
aos demais, ofertando muito amor.*

28

"O que vos recomendo especialmente
é que vos lanceis nos braços de Deus
e que tenhais nele uma confiança tanto mais
íntima quanto maiores forem os vossos males"
(São Francisco Xavier)

*Ó Deus, livrai-me de toda perturbação
e de toda maldade; fazei crescer minha
confiança e guardai-me
com vossa proteção.*

29

"Assim como o sol derrete o gelo,
a gentileza evapora mal-entendidos,
desconfianças e hostilidade"
(*Albert Schweitzer*)

Senhor, ajudai-me a ser mais gentil,
a dar mais atenção e cuidado às pessoas
que se aproximam de mim e a buscar
sempre o bem do outro.

30

"Não há rastro do meu caminho que não
passe pelo caminho do outro"
(*Simone de Beauvoir*)

Ó Cristo, Caminho aberto para
a humanidade, fazei que meus passos
vacilantes não se percam durante
a caminhada e que eu caminhe atento
ao ritmo dos demais.

Outubro

31

"O tempo corre veloz e a vida escapa
das nossas mãos. Mas pode escapar
como areia ou como semente"
(*Thomas Merton*)

Ó Deus, que eu viva os dias de minha vida
acolhendo cada instante como uma dádiva,
um presente precioso a ser cuidado
qual semente boa lançada na terra.

Novembro

Novembro

1

"Os Santos, enquanto viviam neste mundo,
estavam sempre alegres,
como em contínua festa"
(*Santo Atanásio*)

*Senhor Jesus, ajudai-me a viver minha
vida em alegria e paz constantes
para acolher sempre mais a vossa graça
e crescer em santidade.*

2

"A morte deixa uma dor que ninguém
pode curar. Mas o amor deixa memórias
que ninguém pode apagar"
(*Anônimo*)

*Ó Deus, fonte da verdadeira vida,
hoje rezo especialmente por todos os
falecidos: que encontrem em vosso
Coração um lugar de descanso e paz.*

3

"Quando uma pessoa ama tanto uma outra,
deseja ardentemente ir para junto dela:
por que, então, tanto medo da morte?
A morte nos leva a Deus"
(*Santa Josefina Bakhita*)

Fazei, Senhor, que eu me prepare bem para o encontro convosco na eternidade; que meus dias e meu viver me levem a vos amar sempre mais.

4

"Mesmo quando nos sentimos incapazes
de mudar as estruturas injustas de nossa
sociedade, participamos da missão de Cristo,
fazendo nosso o olhar compassivo de Deus
para com todos os nossos irmãos e irmãs"
(*Caminho do Coração*)

Ajudai-me, Senhor, a manter meu olhar compassivo e meu coração solidário para com tantas pessoas que sofrem por causa das estruturas injustas de nosso mundo.

Novembro

5

"As pessoas que propagarem esta devoção terão seus nomes escritos para sempre em meu Coração"
(*décima primeira promessa*)

Amado Jesus, ajudai-me a me saciar da água que brota da fonte do vosso Coração e ser lavado com o sangue derramado na Cruz por amor da humanidade.

6

"O homem julga retos todos os seus caminhos, mas é o Senhor que pesa os corações"
(*Provérbios 21,2*)

Olhai, Senhor, com ternura e misericórdia a minha vida e transformai meu coração para que eu fique atento ao bem que devo fazer.

7

"O amor de Jesus faz superar todas
as dificuldades"
(*Santa Teresinha do Menino Jesus*)

Ó Deus de amor, acolho com gratidão
tanto amor que tendes por mim; aumentai
minha fé e confiança nos momentos
de dificuldades e dúvidas.

8

"Sê humilde para evitar o orgulho,
mas voa alto para alcançar a sabedoria"
(*Santo Agostinho*)

Ó Deus de misericórdia, dai-me a graça
da humildade em todas as situações
de minha vida para acolher a sabedoria
que vem de Vós.

Novembro

9

"Quem sabe perdoar prepara para si muitas graças da parte de Deus"
(*Santa Faustina Kowalska*)

Senhor, sois a plenitude da graça e do perdão; concedei-me a graça de perdoar sempre a quem me ofende e de não guardar nenhum rancor.

10

"Deus colocou a esperança em nossos corações para fazê-la germinar e dar frutos"
(*Papa Francisco*)

Fazei, ó Deus, que eu cresça na esperança e na caridade. Que o fruto dessas virtudes alimente as pessoas que convivem comigo.

Novembro

11

"O cristão tem de ser luz: pela vida, pelas palavras, pelos gestos e pelo testemunho"
(*Dom Paulo Evaristo Arns*)

Ajudai-me, ó Deus, a ser reflexo da vossa luz através da minha vida, de minhas palavras, meus gestos e meu testemunho.

12

"Tua misericórdia produz a vida, concede a luz, revela o espírito em todos os homens, santos e pecadores"
(*Santa Catarina de Sena*)

Ó Deus de bondade, que eu me permita atingir por tanta compaixão que brota da fonte da misericórdia do vosso coração.

Novembro

13

"Não há caminho novo, o que é novo
é o jeito de caminhar"
(*Thiago de Mello*)

*Ó Deus, ajudai-me a trilhar o caminho
da vida, e que meu jeito de caminhar leve
outras pessoas a manter viva
a chama da perseverança.*

14

"O importante não é vencer todos os dias,
mas lutar sempre"
(*Santo Agostinho*)

*Concedei-me, ó Deus, braços fortes e vigor
de espírito para enfrentar a luta diária
que a vida me apresenta;
que eu não desanime nunca.*

15

"Há homens que são como as velas; sacrificam-se, queimando-se para dar luz aos outros"
(*Padre Antônio Vieira*)

Fazei, Senhor Jesus, que eu viva como a vela: iluminando ao meu redor e diminuindo-me para que possais ser mais amado.

16

"Não há sangue de mártir que não produza um cristão corajoso"
(*Dom Paulo Evaristo Arns*)

Ó Deus, força dos mártires, fortalecei a vida de tantas testemunhas de ontem e de hoje que dão prova de fé pelo martírio.

Novembro

17

"Choro as dores e humilhações do meu
Senhor. O que mais me faz chorar
é que os homens, por quem Ele sofreu tanto,
vivem esquecidos dele"
(*São Francisco de Assis*)

Ó Deus, ao contemplar a Cruz vejo todas
as atrocidades feitas a Vós.
Fazei que a humanidade não se esqueça
de tanto amor oferecido.

18

"Não foi Deus quem criou a fome e a miséria,
mas a maldade humana"
(*Dom Luciano Mendes de Almeida*)

Senhor Jesus, ajudai-me a amenizar
a fome e a miséria do mundo; sei que posso
viver com menos coisas, que devo ser mais
livre e cuidar melhor dos bens da criação.

19

"Cuide-se como se você fosse de ouro,
ponha-se você mesmo de vez em quando
numa redoma e poupe-se"
(*Clarice Lispector*)

Fazei, Senhor, que eu cresça em amor próprio para amar com maior liberdade as pessoas; ajudai-me a reservar minhas energias para servir melhor.

20

"O ser humano deve desenvolver,
para todos os seus conflitos, um método
que rejeite a vingança, a agressão e a retaliação.
A base para esse tipo de método é o amor"
(*Martin Luther King*)

Ó Deus, fonte de todo bem, concedei-me paz e integração interior capaz de rejeitar toda vingança, agressão e retribuição da maldade que por acaso eu receber.

Novembro

21

"No mundo há um só bem e um só mal.
O único bem, salvar-se; condenar-se,
o único mal"
(*São Francisco Xavier*)

Favorecei-me, Senhor, com vossa graça, para viver procurando e fazendo somente o bem, afastando-me das ocasiões de maldade e morte.

22

"Os frutos da oração são três vantagens: mérito, perdão e graças"
(*São Roberto Bellarmino*)

Ó Deus, ajudai-me a crescer sempre mais na dinâmica da oração que gera frutos de perdão, graças, bondade e mansidão.

23

"No entardecer de nossa vida,
seremos julgados segundo o amor"
(São Luís Gonzaga)

*Senhor, que vossa graça me inunde
para amar sempre mais e melhor,
pois sei que o amor é a força que me
conduz no caminho da vida.*

24

"Querer amar a Deus sem sofrer
por seu amor é ilusão"
(Santa Margarida Maria Alacoque)

*Dai-me forças, Senhor, para enfrentar as
humilhações e os sofrimentos ao acolher o
vosso amor e viver guiado por vossa graça.*

Novembro

25

"Quanto mais escuridão se faz ao nosso redor,
mais devemos abrir o coração
à luz que vem do alto"
(*Santa Teresa Benedita da Cruz*)

Despertai, ó Deus, o meu coração para acolher as maravilhas da vossa bondade que me são oferecidas diariamente, em meio às dificuldades.

26

"O Senhor não olha tanto a grandeza
das nossas obras. Olha mais o amor
com que são feitas"
(*Santa Teresa D'Ávila*)

Ajudai-me, Senhor, a fazer com mais amor todas as coisas e a não me preocupar tanto se são grandes ou pequenas.

27

"Feliz de quem entende que é preciso mudar
muito para ser sempre o mesmo"
(*Dom Hélder Câmara*)

*Ó Deus, fortalecei meus passos nesse
processo de mudança que a vida exige de
mim a cada dia; que eu não perca
a essência do que sou.*

28

"Foge um pouco de tuas ocupações.
Esconde-te um instante do tumulto de teus
pensamentos. Dá um pouco de tempo
a Deus e repousa nele"
(*Santo Anselmo*)

*Peço-vos, ó Deus, a paz que guiava
as ações de Jesus, para que minhas
ocupações e meus pensamentos encontrem
repouso em vossa bondade e misericórdia.*

29

"A oração é o princípio, o progresso
e o complemento de todas as virtudes"
(São Carlos Borromeu)

*Ó Deus, fortalecei meu coração para estar
sempre conectado ao vosso; que minhas
ações brotem da oração e da certeza
do vosso amor que me acompanha sempre.*

30

"Que coisa é a conversão da alma, senão
um homem dentro de si, a ver-se a si mesmo?"
(Padre Antônio Vieira)

*Ajudai-me, ó Deus, no processo
de conversão que estou vivendo: olhai
minha vida e minhas ações,
que vossa graça me conduza sempre
no caminho da vida.*

Dezembro

Dezembro

1

"O caminho mais breve para chegar a Deus
é o caminho do amor"
(*Angelus Silesius*)

Ó Deus, dai-me força para amar e ser
amado, para trilhar o caminho do bem
e experimentar a maravilha que
é saber-me amado por Vós desde sempre.

2

"Uma vela não perde a sua luz só por
compartilhar a sua luminosidade com outra"
(*Anônimo*)

Ó Cristo, luz dos povos, ajudai-me
a repartir a luz do meu testemunho e das
boas ações para que outras pessoas
se sintam também amadas.

3

"O contínuo descuido das imperfeições
destrói e desfaz a perfeição"
(*São Francisco Xavier*)

Ajudai-me, ó Deus, a buscar sempre mais as ferramentas para viver a santidade: cuidado, proximidade, caridade, bondade e mansidão.

4

"O chamado à missão é o fogo que nos faz apóstolos enviados desde o Coração do Pai ao coração do mundo"
(*Caminho do Coração*)

Ó Cristo, que nos chamais e nos enviais em missão, ajudai-nos a ser bons discípulos para cuidar da vossa missão no coração do mundo.

Dezembro

5

"Meditar quer dizer fazer memória
do que Deus fez e não esquecer
dos seus muitos benefícios"
(*Papa Bento XVI*)

Fazei, ó Deus, que, contemplando e meditando vossa ação em meu coração e na vida do mundo, eu seja mais agradecido e vos louve sempre mais.

6

"Como a água é um espelho para o rosto, assim o coração revela quem é o homem"
(*Provérbios 27,19*)

Ó Deus de amor, conheceis minha vida e sabeis da minha disponibilidade em vos servir; fazei que meu coração seja um espelho da vossa bondade e ternura.

7

"O amor todo-poderoso do meu Coração concederá a graça da perseverança final a todos os que comungarem na primeira sexta-feira do mês, por nove meses seguidos"
(*décima segunda promessa*)

Dai-me a graça, Senhor, de perseverar no caminho. Ainda que meus pés vacilem e meu coração duvide, sei que estais comigo e me alimentais na caminhada.

8

"Deste-nos a tua Mãe como nossa, para que nos ensine a meditar e adorar no coração. Ela, recebendo a Palavra e colocando-a em prática, fez-se a mais perfeita Mãe"
(*São João Paulo II*)

Ó Mãe querida, que nos deste Jesus, ajudai-nos a estar atentos ao que Ele nos diz e a viver a vida em atitude de meditação e adoração.

Dezembro

9

"Ninguém sabe o que Deus faria de nós, se não opuséssemos tantos obstáculos à sua graça"
(*Santo Inácio de Loyola*)

Fazei, ó Deus, que a vossa graça me alcance para que eu não impeça tudo o que desejais de mim neste mundo: quero ser mais livre e disponível.

10

"A bondade não sabe de cores, credos ou raças. Todas as pessoas nascem iguais"
(*Abraham Lincoln*)

Ó fonte da bondade e da graça, ajudai-me a deixar para trás qualquer forma de julgamento, preconceito, indiferença e abandono, para ajudar a humanidade a viver melhor o presente que é a vida.

11

"Amor e ódio são os dois mais poderosos
afetos da vontade humana"
(*Padre Antônio Vieira*)

Ajudai-me, Senhor, a crescer no amor com minhas atitudes e ações; que eu não me deixe jamais vencer pelo ódio e rancor que destrói e mata.

12

"A Eucaristia é o meio mais apto
para a união do homem com Deus
e o maior conhecimento da Verdade"
(*Santa Catarina de Sena*)

Ó Cristo, que estais entre nós no sacramento da Eucaristia, que vosso Corpo e vosso Sangue entregues na Cruz para a salvação da humanidade nos alimentem e fortaleçam nas batalhas diárias.

Dezembro

Dezembro

13

"Somos verdadeiros templos do Espírito Santo,
e um templo é casa de oração"
(São Pedro Julião Eymard)

Fazei, ó Deus, que minha oração diária mude meu coração para estar a serviço da missão de Cristo. Sou morada do Espírito Santo e quero cuidar bem de cada espaço dessa casa.

14

"É humilde quem se esconde no seu nada
e sabe abandonar-se em Deus"
(São João da Cruz)

Ó Coração amado de Jesus, manso e humilde, fazei que meu coração se torne sempre mais igual ao vosso. Que em todas as minhas ações as pessoas vejam vossa ação e bondade.

15

"O ódio não é uma força criativa.
Somente o amor é força criativa"
(*São Maximiliano Kolbe*)

Ó Deus de amor e compaixão, ajudai-me
a viver o amor como força criativa
e a lutar para que o ódio não determine
meu modo de ser e de agir.

16

"A vitória não pertence aos mais fortes,
mas sim aos que a perseguem
por mais tempo"
(*Napoleão Bonaparte*)

Ó Deus, dai-me força e discernimento
para que eu perceba sinais de vitórias
diárias em tudo o que acredito e faço;
sei que minha força vem de Vós.

Dezembro

17

"Fico às vezes reduzida ao essencial,
quer dizer, só meu coração bate"
(*Clarice Lispector*)

Que maravilha, Senhor, sentir as batidas do meu coração e saber que estais comigo; saber que isso é o essencial e que o resto é tudo relativo.

18

"Fazer a vontade de Deus é fazer o que Deus quer e querer o que Deus faz"
(*Santo Afonso Maria de Ligório*)

Ó Deus, quero fazer a vossa vontade, ajudai-me a fazer o que Vós quereis e a querer o que Vós fazeis; tudo isso sem nenhum interesse, mas com liberdade interior.

Dezembro

19

"Pelo vosso Coração transpassado, ó Senhor amantíssimo, dignai-vos transpassar meu coração com os dardos de vosso amor, para que nada de terrestre nele permaneça, e que ele seja repleto unicamente da virtude de vossa divindade"
(Santa Gertrudes)

Ó Cristo, que meu coração seja inundado do vosso amor e de vossa graça para que se torne um reflexo divino para as pessoas que convivem comigo.

20

"Dar com o coração até dar o próprio coração"
(São Tomás de Vilanova)

Ó Coração de Jesus, que derramastes na cruz o sangue e a água por amor de todos, ajudai-me a não negar meu amor a ninguém.

Dezembro

21

"Cristo cura a paralisia dos nossos membros
e do nosso coração"
(*São Pedro Canísio*)

*Ó Cristo, olhai meu corpo e meu coração,
meus sentimentos e projetos, e curai tudo
aquilo que me impede de acreditar
mais e viver melhor.*

22

"Só se vê bem com o coração;
o essencial é invisível aos olhos"
(*Antoine de Saint-Exupéry*)

*Purificai, ó Deus, o meu olhar para ver
as pessoas e as realidades deste mundo
com o olhar do coração,
vendo o que é essencial.*

23

"Pecado é não acreditar que Deus é bom"
(*Dom Luciano Mendes de Almeida*)

Ó Deus, sondais meu coração e conheceis minhas fortalezas e fraquezas. Ajudai-me a viver a experiência da vossa bondade e amor para comigo.

24

"O que vale a pena possuir, vale a pena esperar"
(*Santa Teresa Benedita da Cruz*)

Dai-me, ó Deus, a capacidade de confiar mais em vossa bondade e misericórdia e esperar tudo somente da vossa graça.

Dezembro

Dezembro

25

"Desperta, ó homem; por tua causa Deus se fez homem"
(*Santo Agostinho*)

Ó Deus de amor, eu vos louvo e agradeço pelo nascimento de Jesus. Ele veio nos trazer paz e salvação; a Ele a glória para sempre.

26

"Ficarei em sua presença como um pobre e indigno criado, olhando-os, contemplando-os, servindo-os"
(*Exercícios Espirituais 114*)

Ajudai-me, Senhor, a contemplar, no silêncio do meu coração, tanta bondade e humildade que manifestais na singeleza do presépio.

27

"A luz verdadeira veio iluminar nossa existência. Não é justo que fiquemos parados"
(*Papa Francisco*)

Ó Cristo, Luz Eterna, que brilhou nas trevas do mundo, ajudai-nos a viver iluminados e a clarear o mundo com vosso esplendor.

28

"O Verbo, ao se fazer carne, verbificou todo o cosmo. Toda a natureza está prenhe de Deus"
(*Santo Atanásio*)

Ó Deus, bendito sejais pela presença de Cristo na nossa humanidade. Somos gratos porque nele fomos transformados em filhos e filhas do vosso amor.

29

"Sem justiça e amor, a paz sempre será a grande ilusão"
(*Dom Hélder Câmara*)

Concedei-nos, Senhor, inteligência e vontade para construirmos um mundo justo e solidário, para que a paz aconteça no meio de nós.

30

"Nunca se é o mesmo quando se faz um caminho"
(*São João da Cruz*)

Ó Cristo, sois o Caminho que nos leva ao Pai; ajudai-me a fazer com confiança a caminhada de minha vida servindo com alegria.

31

Dezembro

"O meu passado, Senhor, à tua misericórdia.
O meu presente, ao teu amor.
O meu futuro, à tua providência"
(*São Pio de Pietrelcina*)

Ó Deus de bondade, agradeço este ano que termina e ofereço-vos minha disposição para viver melhor cada dia do novo ano que já se aproxima.

Edições Loyola

editoração impressão acabamento

Rua 1822 nº 341 – Ipiranga
04216-000 São Paulo, SP
T 55 11 3385 8500/8501, 2063 4275
www.loyola.com.br